죽을 때까지
행복하게 사는
인생의 기술

죽을 때까지 행복하게 사는 인생의 기술

초 판 1쇄 2020년 04월 28일

지은이 서경선
펴낸이 류종렬

펴낸곳 미다스북스
총괄실장 명상완
책임편집 이다경
책임진행 박새연 김가영 신은서
본문교정 최은혜 강윤희 정은희 정필례

등록 2001년 3월 21일 제2001-000040호
주소 서울시 마포구 양화로 133 서교타워 711호
전화 02) 322-7802~3
팩스 02) 6007-1845
블로그 http://blog.naver.com/midasbooks
전자주소 midasbooks@hanmail.net
페이스북 https://www.facebook.com/midasbooks425

© 서경선, 미다스북스 2020, *Printed in Korea*.

ISBN 978-89-6637-788-6 03190

값 18,500원

죽을 때까지
행복하게 사는
인생의 기술

서경선 글 · 그림

미다스북스

나는 미치도록 행복하고 싶었다

나는 미치도록 행복하게 살고 싶었다.

나는 미치도록 나를 사랑하고 싶었다.

나는 미치도록 자유롭게 살고 싶었다.

평생 내가 만든 한계에 나는 오랫동안 갇혀서 살았다. 불행한 결혼생활도 남편 탓, 시부모님 탓을 하며 내 인생의 주인공으로 살지 못했다. 사람들을 미워하고 나를 미워했다. 나는 불행과 친구하며 바보 같은 나니까 그렇게 살았던 거라고 나를 아주 하찮은 사람으로 치부했다. 나의 자유는 용서 없이는 이룰 수 없는 것이었다.

행복해야 할 결혼생활은 견딜 수 없는 고통의 세월이었다. 13년의 결혼생활을 마감하고 행복을 찾아 세상으로 나오니 더욱 험난한 가시밭이 기다리고 있었다. 나는 더욱더 나를 옥죄었고 나를 더욱더 오지로 숨게 했다. 나는 이제 아픈 과거의 시간을 드러내고 진정한 자유인으로 살고자 한다.

1 나는 어떻게 나이 들어갈 것인가?
2 죽음의 위기를 겪으며 깨달은 것들
3 아이들에게는 그들의 인생이 있다
4 오십이 넘어 시작하는 자기계발이 진짜 공부다
5 지금의 시간은 다시 돌아오지 않는다

모두 5개 부분으로 이루어진 이 책은 나의 불행했던 삶과, 부모의 이혼으로 사춘기를 힘들게 보내야 했던 자녀와의 관계, 또한 어느 날 갑자기 찾아와 내 인생의 터닝포인트가 된 암투병 등. 이루 말할 수 없이 불행했던 시간 속에서 어떻게 행복의 길을 찾게 되었는지에 대해 진솔하게 이야기하고 있다.

인생을 살아가는 데 정답이 있을까? 이렇게 살아야지 잘 사는 것이라고 말할 수 있을까? 착하게 살고 열심히만 살아왔던 나였다. 미술 교사로 30년을 보내고 있는 나는 학생들에게는 꿈과 희망을 전하면서 정작 자신에게는 소홀했다. 나는 그림 그리기를 참 좋아한다. 한평생 나의 그림과 글씨는 힘들었던 내 마음을 치유해주었고, 행복한 삶으로 한 걸음

나아가는 데 많은 도움을 주었다. 이제는 화내거나 울지 않아도 과거의 시간을 담담히 말할 수 있으며, 책 쓰기를 통해 많은 깨달음을 얻었다. 불행한 삶도 내가 만드는 것이고 행복한 삶도 내가 만드는 것이다.

이 책을 쓰면서 나에 대해 몰랐던 부분을 알게 되었고, 불행의 씨앗을 내 몸 구석구석에 심었던 못난 나의 습관을 알게 되었다. 수많은 시간 속에서 삶을 마주하는 방법과 인생의 기술도 배웠다. 그동안 불행과 싸우면서 간절했던 것은 행복하고 싶어서였다. 그 속에서도 나는 꿈과 희망을 잃지 않았다. 이 모든 아픈 과정은 행복으로 가는 과정이었다는 것을 책을 쓰면서 알게 되었다.

이 책을 읽는 독자들이 현재 엄청난 고난과 역경에 처해 있다면 반드시 행복한 일이 곧 올 것이라는 희망을 갖기 바란다. 지금도 자신이 어떤 사람인지도 모른 채 불행의 시간만을 끌어당기면서 살고 있지 않은가? 나도 역시 불행 속에서 빠져나오지 못했던 안타까운 청춘의 시간들이 있다. 소중한 내 시간을 낭비하지 말자. 나는 이 책을 읽는 독자들에게 자기 자신을 사랑하고 자신이 갖고 있는 능력으로 좀 더 빨리 불행의 터널을 빠져나올 수 있는 방법을 알려주고자 한다.

불행의 고리를 연결하지 말자. 지금 처한 현실이 너무나 괴롭고 힘들어도 긍정적인 생각과 꿈을 잃지 말자. 생각을 바꾸자. 의식을 변화시키

자. 오십이 넘어 시작해야 진짜 공부가 되는 자기계발을 하고, 인생 최고의 파티를 하면서 행복을 내 것으로 만들어보자.

이 책을 읽는 독자들은 자신의 내면에 어마어마한 재능과 능력이 숨어 있음을 알았으면 좋겠다. 그렇게 찾아낸 가장 나다운 나와 함께 설레고 행복하고 멋진 제2의 인생을 살아가자. 행복은 내가 손만 뻗으면 잡히는 곳에 있다. 너무나 가까운 곳에서 나를 기다리고 있다. 내 주변에 널려 있는 것이 행복이고 감사의 조건이다.

바보같이 힘들게 살아온 나의 이야기가 독자들에게 자신의 인생을 보다 지혜롭고 행복하게 살아갈 수 있는 작은 지침서가 되었으면 하는 바람이다.

이제는 어른이 된 세 딸의 아낌없는 응원이 있었기에 나는 포기하지 않고 책을 펴낼 수 있었다. 끝으로 고통과 아픔을 모두 이겨내고 이 모든 내용을 한 권의 책으로 펴낼 수 있도록 도와주시고 평범했던 나를 작가로 살게 해주신 〈한국책쓰기1인창업코칭협회〉 대표 김도사님과 권마담님께 깊은 감사를 드린다.

2020년 찬란한 봄날에

서경선

CONTENTS

1
나는 어떻게
나이 들어갈
것인가?

2
죽음의 위기를
겪으며
깨달은 것들

3
아이들에게는
그들의
인생이 있다

4
오십이 넘어 시작하는 자기계발이 진짜 공부다

5
지금의 시간은
다시 돌아오지
않는다

1
나는 어떻게
나이 들어갈
것인가?

어디로가나 | 20×30cm | 종이펜 수채 | 2016

1
타인의 시선에서 자유로워지기

조용한 아침이다. 아무도 없다. 내 숨소리만 들리는 이른 아침이다. 하루를 시작하기 전 내 시선이 향하는 곳은 주방에 있는 도마다. 나는 숨죽이며 주방 벽에 세워져 있는 도마를 손가락으로 살짝 싱크볼 쪽으로 기울인다. 악! 셀 수 없이 많은 벌레들이 순식간에 흩어진다. 바퀴벌레다. 더럽고 징그러운 바퀴벌레를 잡기 위해 아침마다 숨죽이며 난리를 피운다. 탁! 탁! 탁! 아직 도망치지 못한 바퀴벌레들을 잡느라 진땀이 난다. 탁 치는 순간 터지는 바퀴 파편! 소름끼치는 아침이다.

20년 된 낡은 아파트에 사는 나는 이렇게 바퀴와의 전쟁을 벌인다. 깨끗하게 쓸고 닦고 약을 놓고 해도 어디서 나오는지, 그때부터일까? 집에만 오면 바닥을 자주 보는 습관이 생겼다. 벌레가 너무 많아 이사를 했다. 새로 이사한 곳은 대단지 아파트이고 서민들이 살기에는 부담이 없는 아파트이다. 10평에서 17평으로 이사를 했다.

이혼 전 27평 아파트에서 8명이 살았던 집에 비해 나 혼자서 17평도 괜찮다고 생각했다. 그런데 이사를 하고 보니 너무나 비좁았다. 물건들을 거의 쌓아놓는 수준이다. 간신히 이불을 펴고 잠자리에 드는 첫 밤을 보냈다.

나를 아는 사람이 있을까 봐, 나를 알아보면 어떡하지? 이혼한 나를 알아보지 못하는 그런 아파트를 찾아서 살았다. 내 수준에 맞는 아파트라고 생각하며 살았다. 퇴근 후에 곧바로 집으로 가고 아침이면 출근하고 밖에도 잘 나가지 않은 채 이혼 후 나는 숨어지내는 습관을 몸에 익혀 나갔다. 무슨 거창한 과업을 받은 것처럼 말이다(쓴 웃음). 그 습관은 이혼한 지 15년 동안 계속됐다. 동료 교사들이 신축 아파트를 구입하고 점점 나은 삶을 사는 모습이 너무 부러웠다. 부러우면서도 나는 늘 지인들이 혹여 나를 알아보면 어쩌지 하면서 교사들이 잘 살지 않는 곳에서 아파트 살이를 했다.

수업을 마치고 교무실 내 책상에 와보니 청첩장이 놓여 있었다. 누가 또 결혼하나? 하면서 봉투를 보니 친한 후배의 결혼식이었다. 너무나 반가웠다. 나의 불행했던 결혼 이야기를 지겹도록 옆에서 들어주고 나를

16

위로해주었던 고마운 후배였다. 그 후배는 언젠가 "언니의 결혼을 옆에서 지켜보니 좋은 게 하나도 없더라. 나는 결혼하고 싶지 않았다."고 속마음을 털어놓기도 했었다. 그런 후배가 시집을 간다고 청첩장을 보내온 것이다. 너무나 미안하고 고마웠다. 축하 전화를 곧바로 했다.

"결혼 진심으로 축하합니다."
"엄마가 병원에 입원해 계세요. 내가 간호해야 해서 결혼식에 못 갈 것 같네요."

나는 엄마 핑계를 대고 미안하다고 하면서 후배 결혼식에 참석을 하지 않았다. 후배 결혼식뿐만 아니다. 교장 선생님 자혼에도, 동료 교사 결혼식에도 나는 여러 핑계를 대며 참석을 하지 않았다.

나는 웨딩드레스가 슬퍼 보인다. 내가 이혼을 하고 보니 행복한 결혼식 풍경을 볼 수 있는 용기가 생기지 않았다. 하얀 드레스에 시커먼 곰팡이가 피어나는 모습이 자주 그려진다. 내가 그 결혼식에 참석을 하면 나에게 퍼져 있는 불행의 씨앗들이 새로 출발하는 청춘들에게 나쁜 영향을 줄까 봐 나는 일부러 결혼식에 참석을 안 했다. 눈부신 하얀 웨딩드레스 끝자락에 불행을 끌고 가는 신부의 모습이 그려지던 날, 나에게 보내는 타인들의 시선과 말소리가 들리기 시작했다. '이혼한 사람이 여기 왜 와? 당장 예식장에서 나가. 우리 애한테 옮기면 어떡하라구~.' 하객들의 시선이 나에게 쏟아졌다. 불편하고 괴로운 자리가 되어버린 결혼식장. 행복하게 출발했던 나의 결혼식 장면이 떠올라 손수건을 꺼내어 하염없이 쏟아지는 눈물을 닦으며 결혼식장을 빠져나왔다.

내가 심적으로 많이 의지했던 동료 교사가 있다. 그 친구가 지인들 모임에 참석했다가 내 이야기를 하는 사람이 있었다고 말을 전했다. '딸이 셋이나 있는데 다 버리고 왔대. 지독하다. 지가 난 애들을 몽땅 시어머니한테 맡기고 어떻게 혼자만 편하자고 나올 수 있지?' 하는 내용이었다고 말해주었다. 그 친구는 내가 어떻게 이혼을 결정하게 되었는지 잘 알기에 자세히 알지도 못하면서 얘기하지 말라며 말을 끊었다고 했다.

그 친구에게 그런 말을 들었을 땐 씩씩한 척하며 별 마음에 동요 없이 듣고 흘려버렸다. '그럴거야. 난 신경 안 써.' 하면서 대수롭지 않게 듣고 퇴근 후 집에 와서 통곡했다. '내 딸들을…, 내가 버렸어. 어리고 이쁜 딸들을 내가 버렸어. 불쌍한 내 새끼들….' 코끝이 찡하면서 눈물샘이 터졌다. 저녁도 먹지 않은 채 몇 시간을 울었다. 이불을 덮고 울음 소리가 창문 밖으로 새어 나가지 않도록 소리 내어 슬피 울다가 배고픔도 잊은 채 잠이 들었다.

사람들의 시선에 자유롭지 못한 나는 숨어다니기 시작했다. 친구들이 보고 싶다고 만나자고 해도 모임에 가지 않았다. 그때 이후로는 교무실에서 삼삼오오 교사들끼리의 대화에도 잘 끼지 못했다. 내가 없는 동안 교사들은 나를 흉본다고 생각했기 때문이다.

"엄마가 어떻게 자식을 버리고 나올 수 있지? 나 같으면 애들은 데리고 나올 것 같은데…." 하는 말들이 여기저기에서 환청처럼 들리기 시작했다. 걸어다닐 때도 내 뒤통수에다 말을 하는 것 같은 생각이 들었다. 급기야는 불면증이 시작되었다. 나는 나를 아는 사람들이 싫었다. 학교에 근무를 하면서도 교사들과도 친하게 지내지 않았다. 내가 이혼한 사실을 숨기고 싶었다.

나는 나를 형편없는 인생 낙오자라고 생각하고 숨어 지내는 나를 키워 나갔다. 떳떳하지 못한 내가 되어버렸다. 고통 속에서 결혼생활을 근근이 이어오다가 이혼을 했는데, 자유라는 게 나에게 주어졌는데, 나는 자유를 누리지 못했다. 어둡고 습한 지하실에 알몸으로 던져진 헌 여자였다. 혼자가 된 나는 무서움과 싸우는 시간이 오랫동안 지속되었다.

어떤 신문기사에 이혼녀를 사회가 바라보는 시선에 대해 언급을 했다. 이혼녀는 낙오자이며 가정을 버린 아주 이기적인 사람이라고 말한다. 정신 차려야 한다고 말을 한다. 결혼생활을 하는 동안에 나는 이혼이라는 단어를 한 번도 떠올리지 않은 채 살았다. 나 혼자서 참고 인내하고 희생하면 다른 식구들이 편해진다고 생각했다. '나 혼자만 희생하면 애들은 고생 안 할거야….' 이렇게 참고 또 참으며 결혼생활을 이어왔다. 이렇게 나는 내 안에 폭탄을 쌓아두기 시작했다.

어느 날 TV에서 이혼을 알리는 연예인 소식이 나오면 그 당시 시어머니는 "요새 젊은 것들은 왜 저렇게 이혼을 밥 먹듯이 하는지. 좀 참고 살면 되는데, 천하에 몹쓸 년들~~." 이 말이 혼자 밥을 먹는 밥상에서도, 잠잘 때도, 걸어 다닐 때도 생각났다. 그림자처럼 내 몸에 착 달라붙어 따라다니는 생각들로 인해 사람들의 시선에서 자유로울 수가 없었다.

이혼녀에 대한 얘기가 내 귀에 들릴 때마다 너무나 속상했다. 주위의 많은 사람들이 나를 나쁘게 생각하고 술안주 삼아 얘기를 하고 다니는 게 너무나 싫었다. 외로워졌다. 내 가슴 한 가운데가 뻥 뚫려 있는 것 같았다. 공허했다. 조울증도 생겼다. 감정의 기복이 요동쳤다. 좋았다가 우울했다가 슬펐다가…. 이렇게 나는 종일 에너지를 뺏기고 나면 퇴근 길은 허탈함 그 자체였다. 한숨을 몰아쉬는 버릇도 생겼다. 자존감은 바닥을 쳤다. 점점 무기력해져가는 내 일상 저변에는 타인이 내 중심에서 버젓이 안주인 노릇을 했다. 난 오랫동안 그 사실도 깨닫지 못하고 내 인생에 내가 없는 채 타인을 주인공으로 키우면서 살았다.

세상 사람들은 행복한 삶을 살고 싶어 한다. 나 역시도 행복하게 살고 싶었다. 정말 그 누구보다도 행복하게 결혼생활을 하고 싶었다. 뜻대로 되지 않는 게 인생이다.

사람들은 모이기만 하면 남 이야기에 관심이 많다. 그렇지만 그 관심은 그리 오래 가지 않는다. 또한 내가 그렇게 생각한 만큼 사람들은 남의 일에 대해 별로 관심도 없다. 단지 내 자신이 그렇게 생각할 뿐이다. 자신들의 인생을 살기도 바쁘다. 이제는 타인들의 시선에서 자유로워지자. 내 인생에 다른 사람까지 들어올 틈이 없다. 타인은 남이다. 남에서 점하나를 빼자. 내 인생의 님만 들어오게 하자. 얼마나 달콤한가. 지금도 충분히 잘하고 있다고 응원해주자.

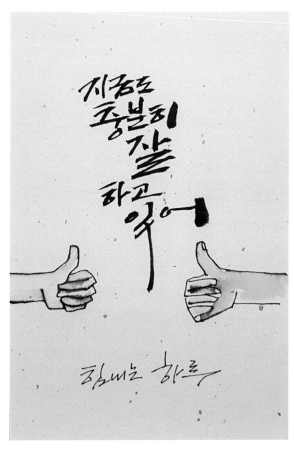

힘 내는 하루 | 10×15cm | 두방지 붓펜 | 2018

2
오래된 습관과 이별하는 법을 배우기

손에 물이 닿는 게 너무 싫다. 마음이 우울하고 만사가 다 귀찮다. 밥을 간신히 해서 먹은 그릇들이 며칠째 싱크볼에 쌓여 있다. 싱크대에서 이상한 냄새가 나면 수돗물을 틀어서 그릇에 고여 있는 더러운 물들을 흘려보낸다. 도저히 볼 수 없고 썩은 내가 진동하는 집안을 청소할 즈음 설거지가 정리가 된다. 힘들고 지친 몸을 이끌고 퇴근하면 집안 곳곳에 있는 물건들도 제자리를 찾지 못하고 발 디딜 틈 없이 흐트러져 있다.

내 방은 늘 지저분하고 정리가 안 되어 있다. 나는 왜 정리를 못할까? 어디서부터 잘못되었길래 이렇게 정리를 못하는 것일까? 나의 습관에는 어떤 문제점이 있는지 청소 전, 후 사진을 찍어나갔다. 사진 촬영이 끝나면 곧바로 청소와 정리 정돈을 하기 시작했다. 주방, 화장대, 이부자리, 수납장 속을 청소하며 정리를 한다. 먼지가 너무 많다. 몽글몽글 굴러다니는 먼지들이 서로를 부둥켜 안고 떨어지지 않는다. 코 속으로 들어가는 먼지 양이 어마어마하다. 3시간 정도를 치웠을까? 방바닥이 보이기 시작했다. 깨끗하게 정리된 방을 사진 찍어 비교해본다. befor & after를 보며 분석을 한다. 치워도 또 금방 어질러지고 또 치워도 많은 물건으로 인해 정리를 해도 표가 나질 않는다. 17평밖에 안 되는 집에 무슨 물건들이 이렇게 많은지 모르겠다.

정리는 어렵다. 요즘에는 어려운 정리와 수납하는 방법을 알려주는 직업도 많이 생겨나는 것 같다. 얼마나 정리 정돈이 힘들면 돈을 내고 도움을 받을까 하는 생각도 든다.

집안 정리를 해주는 TV프로그램을 본 적이 있다. 정리의 도움이 필요한 가정을 직접 찾아가 문제점을 알아내고 해결책을 찾아주는 내용이었다. 솔깃한 마음으로 끝까지 봤다. 화면에 보이는 너무 많은 물건들을 보니 나와 별반 다르지 않았다. 서랍 앞쪽에 쌓아놓은 물건들, 그 서랍은 사용할 수 없다. 행거에 옷이 걸려 있지만 숨을 쉴 수 없을 만큼 너무 많이 걸려 있다. 심지어는 욕조 위에도 행거가 있고 입지 않은 옷들이 잔뜩 걸려 있다. 몸이 들어갈 수 없을 만큼 많은 물건들에 치여서 어찌 살아왔을까?

집은 사람이 휴식을 취하는 곳이다. 집의 주인은 사람이다. 그러나 많은 물건들이 가득 차 있기 때문에 비싼 돈을 내고 물건들에게 주인 자리를 양보한 셈이 된 것이다. 종교의식처럼 설레지 않은 물건들과 작별인사를 한다. '그동안 나에게 기쁨을 줘서 고마웠다. 잘가라.' 프로그램 참여자는 자신이 구매했던 물건들을 만지면서 눈물까지 흘린다. 추억이 있는 물건이었을 것이다.

물건에도 생명이 있다. 고인 물은 썩는다. 내가 싱크볼에 잔뜩 쌓아놓은 설거지를 하지 못하는 것과 입지도 않은 옷들이 옷장에서 숨도 못 쉬고 있는 것은 내 마음이 병들었기 때문이다. 생명은 순환해야 한다. 집을 살아 숨 쉬는 곳으로 만들기 위해 내가 터득한 방법 몇 가지를 소개한다.

첫 번째는 물건을 구입할 땐 세 번 생각하고 구입한다. 인테넷 쇼핑을 하면서 장바구니에 담아두는 습관도 좋은 것 같다. 세 번 이상 생각을 하면 장바구니 속에서도 걸러지는 물품이 반드시 있다. 세 번 생각하고 구입하기를 추천한다.

두 번째는 집안의 물건의 숫자를 파악한다. 충동구매를 하고 보니 서랍 깊은 곳에 똑같은 물건을 발견한 적이 있다. 여러 개 있으면 좋겠지 하면서 구입한 물건이 수납장마다 꽉꽉 차 있다. 내가 갖고 있는 물건의 수를 파악해보는 것이 무척 중요하다. 파악한 뒤 꼭 필요한 것만 남기고 작별을 한다. 불필요한 물건들이 생각보다 많다는 것을 알게 될 것이다.

세 번째는 물건들의 자리를 만드는 것이다. 사용한 물건은 바로 제자리에 갖다 놓으면 된다. 처음에는 어렵지만 의식을 갖고 실천하다 보면 점점 나아진다. 집안 정리가 안 되는 이유 중 하나가 물건을 사용하고 무심코 놓는 자리가 물건의 자리가 되면서 집안은 빠른 시간 안에 또 쓰레기장이 된다.

네 번째는 몇 년씩 서랍장에 있던 불필요한 물건들 떠나보내기다. 집 안에 물건이 많으면 치우고 정리를 해도 효과가 없다. 또한 주말에는 1주일간 일터에서 쌓인 피로를 풀어야 하는데 청소로 인해 방해를 받는 건 당연한 일이다. 편하고 멋진 나의 휴식과 일상을 위해 불필요한 물건들을 과감히 떠나보내자. 추억이 있는 물건들은 일기장에 작별인사를 하고 그림으로 담아둔다.

오랜만에 여고 동창들을 만나는 날이다. 버스에서 내려서 약속 장소로 걸어가고 있었다. 어떤 매장 앞을 지나는데 섬뜩한 무언가가 스쳐갔다. 쇼윈도우에 비친 내 모습이 눈에 들어왔다. 언뜻 봐도 잘못 본 게 아닌가 싶을 정도로 내가 아닌 다른 여자로 보였다. 구부정한 자세, 우울하고 힘 없는 표정이 적나라하게 보였다. '뭐야? 나 맞아? 진짜 내 모습 맞나?' 하는 생각에 다시 보고 또 봤다. 정말 믿기지 않았다. 자세를 가다듬고 비춰진 내 모습을 보고 나서 나는 약속 장소에 도착했다. 우리는 가벼운 인사를 나누고 서로의 안부를 물었다. 그 친구가 뜻하지 않은 얘기를 한다.

"이런 말을 하면 기분 나쁠 수도 있을 거야. 곡해하지 말고 들어."

"나는 너하고 만나고 집에 갈 때면 엄청 우울하고 기분이 나빠."

"다시 연락해서 만나지 말아야지 생각할 때가 많아."

"……."

그 친구는 나랑 만나면서 매우 기분이 울적했다고 했다. 그러고 보니 친구뿐만 아니라 딸들과 친언니도 말했다.

"엄마. 그 가슴 아픈 얘기 그만해요. 벌써 100번도 넘어요."

"너 어디 아프니? 목소리가 힘이 하나도 없다."

나는 잘못한 게 없고 모두 나 이외의 사람들이 잘못해서 나를 불행하게 만들었다는 피해 의식 속에 살아왔다. 친구들을 만나더라도 신세한탄이나 하고 힘들었던 이야기를 또 다시 반복했던 것이다. 대화를 하면서 상처받은 슬픈 얘기들을 하고 나면 나만 슬픈 것 같았다. 그런데 친구의 얘기를 듣고 나서는 상대의 감정도 '그럴 수 있었겠다.' 하는 생각이 들었다. 나는 과거를 곱씹는 나쁜 습관이 있다. 좋은 얘기도 여러 번 들으면 괴로운 법인데 만날 때마다 힘들고 괴로웠던 이야기들만 하니 누가 좋아할까? 슬프고 불행했던 결혼생활에 대한 기억들을 다시 꺼내는 습관, 과거의 시간에 연연해하며 우울하게 보냈다. 이혼 후에 부정적이고 자신감 없는 태도가 더 심해졌다. 과거에 집착하는 이 모든 나쁜 습관들을 좋은 습관으로 바꾸는 오늘이어야 한다. 생각과 감정도 훈련과 연습이 필요하다. 내 몸과 마음에 좋은 습관이 스며드는 방법을 소개해본다.

첫 번째, 현재에 집중한다. 지금이 얼마나 중요한가? 행복한 결혼생활을 꿈꾸며 시작했지만 이혼하고 불행했던 결혼생활을 생각하며 괴로운 나날을 보내는 나를 발견했다. 부정적인 생각을 자주하다 보면 우울해지고 절망적인 사람으로 변한다. 삶을 병들게 하는 부정적인 생각과 이별하기로 한다.

두 번째, 다르게 생각하기이다. 이혼녀에 대한 사회가 주는 시선과 자식들에 대한 죄책감, 좌절, 포기, 분노 등이 나를 얼마나 괴롭혔는지 잘 알고 있다. 어떤 일을 할 때 실패를 하면 '내가 그렇지 뭐.' '실패할 줄 알았어.'보다는 '또 다시 하면 되지. 목표를 다시 세워보자.'라고 생각을 바꾸니까 구부정한 자세가 펴지고 기분이 좋아졌다.

정리 정돈이 안 되는 습관, 버리지 못하는 습관들이 있다. 이것은 마음을 비우는 순간 나의 모습은 달라진다. 복잡한 뇌 속을 정리하면 집도 마음도 깨끗하게 정리될 것이다. 불행했던 지난 일들은 과거의 바구니에 담아두자. 그 속에 있게 해두자. 과거보다는 현재, 지금, 오늘이 얼마나 중요한가? 어떻게 하면 현재를 즐기고 행복한 삶을 살 것인가를 진지하게 생각하고 실천해본다. 과거는 바꿀 수 없다. 바꿀 수 없는 과거에 빠져서 헤어나오지 못하는 습관 때문에 현재와 미래를 망칠 수 없다. 과거의 문제점을 해결할 방법은 과거도 아니고 미래도 아닌 현재에 집중하면 찾을 수 있다.

마음의 눈물 | 20×30cm | 종이 붓펜 | 2016

여행하면서 어느 카페에 예쁜 초 한 쌍이 눈에 들어 왔다.
너무나 아름답고 예쁜 초인데 자신의 몸을 태우는 고통이 있었기에
주변을 환하게 비추었다는 사실이 눈물 나도록 감동이었다.

3
내면의 소리에 귀 기울이기

휴지 한 칸을 떼어서 내 귀를 틀어막았다. 너무 시끄럽다. 웃음 소리조차 짜증이 난다. 학교 교무실에서 교사들이 삼삼오오 모여서 집안일에 대해 얘기를 한다. '아니, 집안일을 왜 학교에서 그것도 여러 교사들이 사용하는 공용의 공간에서 떠들지?' 나는 너무 괴로웠다. 휴지로 틀어막아도 소용이 없었다. 내 마음을 읽듯이 비가 오기 시작했다. '후두둑 후두둑' 참 기분 좋은 소리다. 나는 미술실로 빨리 자리를 옮겼다. 미술실 창문 밖에는 소나무가 보이는 야산이 있다. 커피 한잔을 마시며 창밖을 보고 있는데 청솔모가 보인다. 비 맞기 싫어서일까? 자신의 긴 꼬리를 우산 삼아 이리저리 왔다 갔다 하는 모습이 참 웃기다. 비 맞기 싫어하는 건 청솔모나 나나 똑같다. 잠시 웃었다. 커피가 식은 줄도 모르고 한참을 차창 밖 풍경에 넋이 나갔다.

퇴근 시간이 한참 지났는데도 청솔모와 교감하느라 퇴근하는 것도 잊었다. 늦은 퇴근을 한 나는 곧바로 집으로 가기 싫어서 걷기 시작했다. 얼마나 걸었을까? 갑자기 머리털이 쭈뼛 서고 심장이 쿵쾅쿵쾅하며 심하게 요동쳤다. '시아버지께서 여기까지 왜 오셨지?', '뭐야. 나 만나러 온 건가?' 하고 마주치기 싫어서 얼른 건물 모퉁이로 숨었다. 한참을 숨죽이며 지나가기만을 기다렸는데 자세히 보니 다른 사람이었다. 이제는 나를 괴롭히던 사람들이 내 주변에 없는데…. 아직도 나는 사람에 대한 두려움이 있다. 결혼하면서 인연이 되었던 사람들과 외모가 조금만 비슷해도 소스라치게 놀라곤 한다. 두려움에 시달리면서 거리를 다닐 때 주변을 의식하면서 두리번두리번하는 습관이 생겼다.

'내가 무엇을 잘못했길래 자꾸 숨어 다니나?' 하는 생각을 많이 하게 되었다. '내가 참 복이 없구나.' 하는 생각을 하면 또 눈물이 났다. 한참을 울고 나야 마음이 진정이 되고 일상으로 돌아올 수 있었다.

우울이 깊어 약을 먹는데 약 때문인지는 잘 모르겠지만 자꾸 체중만 는다. 시간이 많이 흘렀는데도 우울증은 호전되지 않는다. 8kg 정도 살이 찌니까 옷도 맞지 않는다. 거울을 보면 내가 아닌 것 같았다. 뚱뚱해지면서 더욱 우울해졌고 세상 밖으로 나가지 못하고 스스로 고립시켰던 것 같다.

이혼 후 5년쯤 되던 어느 날 이렇게는 더 이상 못 살 것 같았다. 우는 날이 잦은 내 자신이 너무 싫었다. 일상이 힘들고 괴로운 생활을 어떻게 하면 청산할 수 있을까를 생각했다. '나는 누구인가.'에 대한 고민을 심각하게 했던 것 같다.

나는 그림을 그릴 때면 잡념이 없어지는 느낌을 안다. '그래! 그림을 그리자.' 결심하고 대학을 졸업하고 놓았던 붓을 다시 들었다. 작업도 하고 미술 심리에 대한 공부도 하자는 생각을 하게 되었다. 나에 대해 진지하게 알고 싶었다. 무엇이 나를 이렇게 힘들게 하는지에 대한 고민을 하기 시작했다. 나의 내면을 알기 위한 첫 번째 공부는 미술치료였다. 미술치료는 미술작업을 통해 심리적, 정서적 갈등을 완화시키고 원만한 삶을 살아갈 수 있도록 도와주는 심리치료법이다. 미술을 전공한 나는 건강을 되찾았으면 하는 바람으로 매우 적극적으로 공부를 했다. 정말 신기한 일이 일어났다. 미술심리치료사 2급 과정으로 수업을 받았는데 회기가 진행될 때마다 마음이 편해지고, 자존감이 향상되는 것을 체험하기 시작했다. 이제 무엇이든지 할 수 있을 것 같았다.

서울로 가는 고속버스에 올랐다. 나는 모래놀이 치료사 2급 과정을 받기 위해 휴일 시간을 통째로 사용하기로 했다. 무언가를 배울 때의 만족감과 기쁨을 알아가는 시기였다.

　강사님이 주제를 준다. 책상에 놓여 있는 모래를 가지고 마음껏 표현해보기였다. 나는 모래를 보고 풍경을 만들고 싶었다. 마른 모래에 열심히 물도 부어 가며 산도 만들고 길도 만들고 하면서 모래가 주는 촉감을 느끼며 완성해나갔다. 만드는 내내 기분이 참 좋았다. 평면적인 그림이 아니라 입체적으로 풍경을 만드는 게 또 하나의 재미로 느껴졌기 때문이다. 그런데 모래풍경을 만든 모래상자를 이리저리 돌려서 감상을 하는데 갑자기 머리부터 발끝까지 경직이 되면서 화들짝 놀랐다. 내 모래 상자 안에 대왕문어가 있었다. 너무나 크고 징그러운 대왕문어가 내 마음의 풍경 속에 들어와 있었다. 나는 풍경을 만들었는데 어떻게 이렇게 징그럽고 무서운 표정을 하고 있는 문어가 나타났을까? 너무나 충격적이었다. 나는 그때부터 숨쉬기가 어렵고 답답함을 느꼈고 잠시 아무 말 없이 책상 위에 얼굴을 묻었다. '그래, 내 안에 네가 있어서 나의 숨통을 조였구나.' 하는 생각을 하니 눈물이 왈칵 쏟아졌다.

　상징물들을 천으로 덮고 치료자가 손에 잡히는 것을 가져오는 수업이 진행되었다. 내 손에 잡힌 것을 촉감으로만 느낀 채 꺼내보았다. 한복을 입은 여인이 머리엔 보따리를 이고, 포대기로 아이를 업고 한 손에는 짐을 든 모습의 사람 인형이었다. 딱 보는 순간 너무나 싫었다. 아니 불쾌하고 기분이 나빴다. 잠시 뒤에는 눈물까지 난다. 불쌍한 내 처지랑 비

숫한 것 같아 눈물이 펑펑 쏟아졌다. 어릴 때 모래를 갖고 놀았던 추억이 있을 것이다.

"두껍아~, 두껍아~, 헌 집 줄게 새 집 다오."

누구 굴이 잘 파져 있나 팔 전체를 넣고 꼬무락꼬무락하면서 손가락이 만나는지 확인하며 놀던 기억, 모래에 얼굴을 파묻고 고개 숙이며 모래 굴을 쳐다보던 그때 그날이 기억이 난다. 또한 모래 산 위에 가는 나무깃발을 꽂아 손으로 모래를 내 앞으로 끌어오는 게임도 했었다. 나중에는 숨도 쉬지 않고 손가락 하나로 살살 긁어내는 찰나 나무깃발이 쓰러지는 게임. 온통 모래가 옷에 묻고 손발이 모래투성이가 되어도 집중하며 놀았던 그 기억은 나에게 즐거움을 선물했다. 차가운 느낌의 모래를 가지고 놀다 보면 해 지는 줄도 모르게 놀았던 기억들이 모두 있을 것이다. 어른이 되어 나는 그 모래를 다시 만났다.

모래 놀이치료란 네모난 모래상자(tray)를 이용한 놀이치료 기법이다. 아이들을 위해 시작되었지만 지금은 그 효과가 좋아서 어른들에게도 각광 받는 심리치료 중에 하나이다. 모래만 가지고 놀이를 할 수도 있지만 모래상자 안에 꾸밀 도구는 실제 모형의 축소판을 나타내는 모형(figure)을 사용하기도 한다. 이 과정을 통해 자신이 내적, 외적으로 성장하는 것이다. 이 기법을 통해 나의 무의식 세계와 의식 세계를 연결 짓는 놀라운 경험을 하게 된다. 특별히 말이 별로 필요하지 않았다. 모래놀이 상담사 2급 자격증을 통해 나의 마음도 치유 받으며 세상에 당당히 나갈 준비를 했다. 평면적인 그림과는 달리 모래놀이는 입체 표현이 가능해서 바로 완성작을 사진 촬영해서 내 마음을 확인할 수가 있었다.

내면에서 보내오는 소리를 민감하게 받아들이자. 마음이 화가 나든지 우울하면 그 자리에서 나와보자. 밖에 나와 산책을 하든지 몸을 의식적으로 움직여본다. 처음에는 무척 힘들다. 그래도 억지로라도 몸을 일으켜 세워 움직여야 한다. 또한 우울한 마음이 1주일간 지속될 땐 전문의를 찾아가 적극적으로 치료를 받아보자. 나는 너무 오랫동안 내 마음을 몰라주다 보니 치료받는 데 어려운 점이 많았다. 치료 중에는 의사 처방이 필요한 것도 있지만 미술치료와 모래치료 같은 심리치료를 적극적으로 받을 것을 권한다. 이제 나를 사랑해야 한다. 나를 사랑하게 되면 아프고 상처받은 나의 내면이 보이게 된다. 내면에서 보내오는 소리를 방치하지 말자. 불치병이 되기 전에 마음의 감기에 귀를 기울여보자.

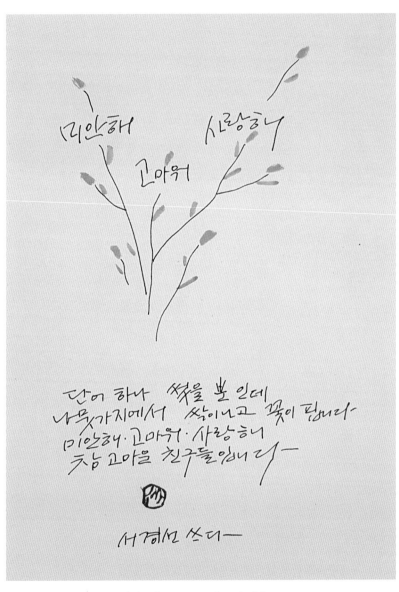

글씨나무 | 20×30cm | 종이 펜 | 2020

파랑새 I | 35×45cm | 장지 혼합재료 | 2014

하늘을 높이 날고 싶은 나. 자유롭게 훨훨 날고 싶은 나!
나는 파랑새가 되었다.

4
도전적인 삶에 용기 한 스푼 더하기

나를 알고 마음을 치유하는 시간을 보낸 후 나는 도전하는 인생을 시작했다. 버킷리스트를 작성했다. 하고 싶은 것, 되고 싶은 것들을 하나하나씩 적어 내려갔다. 처음에 쓴 버킷리스트는 여행이었다. 그것도 유럽 여행이었다. 꿈에만 그렸던 여행을 가기 위해 종이에 적고 계속 생각했다. 그러던 어느 날 TV에서 서유럽 패키지 여행객들을 모객하고 있었다. 눈과 귀가 솔깃해 집중하고 시청했다.

유럽의 풍광들이 너무나 근사했다. '결정했어.' 꿈만 같은 여행을 가기로 마음먹은 나는 한 치의 두려움과 망설임 없이 바로 신청했다. 두려움을 극복하고 여행을 가기로 마음먹은 것이다. 패키지 여행이었지만 내 스스로 결정하고 도전하는 건 난생 처음이었다. 처음 보는 사람들과 낯설고 두려움과 설레임으로 13일의 서유럽 여행을 떠났다.

하늘이 온통 잿빛이다. '내가, 지금, 여기' 영국 국회의사당 앞에 있다. 2016년 10월에 나는 여행 첫날부터 스케치북에 그림과 캘리를 넣어서 기록해나갔다. 꿈이 현실이 되었다. 이혼 후 14년 만에 나 혼자 여행을 한 것이다. 참 오래 걸렸다. 참 오래 내 감옥에 갇혀 있었다. 이렇게 좋은 곳이 있다는 것을 갇혀 지낸 지 14년 만에 알게 되었다.

심장이 터질듯한 설레는 시간 속에
길 따라 사람 따라 맘가는 그곳에서
선이의 하얀 노트에 수 놓인 그림들

오늘이 내 인생의 젊은 날 아니던가
낯선 이국 풍경 설레는 나날들이
거장과 만나는 시간, 눈물 되어 흐르네

내꿈이 현실에서 만나는 하루하루
겹겹이 쌓아놓은 용기가 돋보이네

또다시 그리움으로 마주한 시간이여

—미켈란젤로의 〈시스티나 대성당의 천정화〉를 보고 나서 지은 작가의 시조

이번엔 그림이 아니라 시조다. 많이 미흡하긴 하지만 시조의 매력이
느껴지는 날이었다. 천정화는 사진 촬영을 할 수 없다. 너무나 아쉬운 마
음에 거장의 작품을 내 눈에, 내 마음에 그날의 감동을 담아왔다. 서유
럽 여행의 마지막 코스인 파리를 방문하였다. 그곳에는 내가 꿈에 그리
던 레오나르도 다빈치의 〈모나리자〉가 있었다. 숨 막히는 거장의 작품들
을 내 눈으로 직접 보았다. 행복을 만들고 왔다. 이렇게 아름답고 경이로
운 곳에 내가 있었다. 행복을 만들어간 이번 여행의 한복판에 내가 있었
다. 여행하는 내내 나의 심장은 두근두근, 눈물이 글썽글썽 감동의 물결
이 넘쳤다. 선이의 서유럽 그림책은 마지막 장을 넘기고 있었다. 나는 펜
을 들고 '마지막은 또 다른 시작을 알리는 첫 페이지다.'라고 기록했다.

나는 어릴 때부터 춤추는 것을 좋아했다. 고등학교 때도 응원단 활동
을 하며 활동적으로 생활을 했는데 결혼과 함께 나의 끼와 재능을 뒤주
속에 넣고 대못으로 박아버렸다. '나는 이혼한 여자이고 그래서 세상에
나오면 안 되는 거야. 사람들이 어떻게 생각하겠어. 왜 저렇게 나부대?
자기 가정도 지키지 못한 사람이….', '나에게 있는 재능은 이미 썩었어,

내가 가지고 있는 재능은 다른 사람도 다 갖고 있는 거야.' 이렇게 자존감 없는 태도로 나를 꽁꽁 묶어놓기에 바빴다. 과거의 자신에게 사로잡혀 있어서 실패한 인생이라고 스스로 낙인 찍었던 것이다. 그러던 내가 빨간 댄스화를 구입했다. 형광빛이 도는 새빨간 댄스화를 만지기만 해도 기분이 너무 좋아진다. 많은 사람들에게 나를 드러내고 싶은 심정이었을까? 드디어 30여 년을 묵혀두었던 몸치 탈출이 시작되었다.

바쁜 신학기 업무를 마치고 나면 교직원들 사이에서 건강을 생각하자는 마음으로 교사 동아리 회원들을 모집한다. 2019년 4월 라인댄스 동아리 회원 모집이 시작되었다. 라인댄스가 정확하게 어떤 춤인지 잘 몰랐다. 두려움도 많았고 자신감도 없었다. 동료 교사들도 나도 마찬가지라고 하면서 함께 배우자고 한다.

"나도 몸치야~, 나는 장작이야."라고 하면서 용기를 내서 신청했다. 강사가 가장 쉬운 초급 수준으로 댄스의 스텝을 자세히 가르쳐주었다. 쉬운 스텝을 자세히 가르쳐주는데도 나는 따라 하지 못하고 박자도 놓치고 발도 꼬이고 했다. 그럴 때마다 왜 그렇게 웃음이 나오는지…. 장작 팀들은 '깔깔' '호호'대며 함께 웃었다. 1시간 정도 땀 흘리고 퇴근하는 길은 정말 몸이 날아갈 것 같았다.
1학기에 10시간을 마치고 2학기에 접어들면서 나는 점점 춤이 몸에 익

빨간 댄스화 | 20×30cm | 종이붓펜 | 2019

숙해졌다. 딱딱하게 박자만 맞추던 나의 스텝은 음악을 들으며 느끼는
감정들이 내 몸에 스며드는 경험을 했다. '바로 이거구나~, 내가 잊고 있
었던 나의 끼!' 감격의 순간이다. 또 한 번 눈물이 흘렀다. 가슴이 뛰었다.
감춰졌던 나의 댄스 세포가 살아나기 시작했다. 나도 놀랄 정도였다. 처
음에 댄스를 배울 땐 '어렵다, 몸치들이네~. 머리에 쥐가 나려고 해.' 하

면서 매우 부정적인 시선들이었다.

그런데 지금은 "예술가라 다르네~, 끼가 있네~, 춤 잘추네~." 하는 얘기를 많이 한다. 나는 댄스를 하는 순간은 에너지가 뿜뿜 솟는 것을 느꼈다. 에너지가 느껴지는 순간 빨간 라인댄스화와 살랑살랑 흔들리는 댄스복을 구입해 춤을 추었다. 날개를 단 것처럼 몸이 가볍고 빨간색 댄스화가 나에게 전해주는 에너지는 대단했다. 거울에 비춰진 나의 모습은 이미 춤꾼이었다(미소).

세상 사람에게는 자신만이 가지고 있는 능력이 있다. 다만 그것을 깨닫지 못할 뿐인 것 같다. 나 역시도 내가 갖고 있는 능력이 누구에게나 있는 것이고, 나는 실패한 인생이라고 주문을 외우면서 실패한 인생으로 살아온 것이다. 나는 빨간 댄스화를 구입하는 순간 나의 재능을 발견했다. 그리고 앞으로 나의 능력이 어디까지 발휘될까 생각하면서 기대 심리가 한층 고조되었다. '오십이 넘은 나이에 무슨 춤을 춰? 귀찮지 않아? 나이 값을 해야지.' 하면서 댄스할 생각도 못한 것과 그래도 직접 해보고 '역시 몸치구나' 해도 늦지 않는다. 이 두 가지의 생각은 엄청난 차이가 있다고 생각한다. 생각의 차이가 새로운 인생의 목표를 향해 움직인다는 사실을 알게 되었다.

"두려움은 행동하면 사라진다."

그렇게 두려움의 대상이었던 세상은 '행동'하면 바뀌게 되는 것을 몰랐다. 시작하면 되는 것을 몰랐다. 두려움에 움츠리고 항상 위축되어 생활했던 나를 움직이게 한 것은 바로 '의식'이었다. 이제 더 이상 뒤로 물러날 곳도 없었다. 뒤를 보니 낭떠러지이고 죽음의 그림자가 항상 따라 다녔다. 나는 살고 싶었다. '나답게' 살고 싶었다.

과거 속의 실패로 인해 남과 비교하고 좌절하는 바보가 되지 말자. 왜 실패했는가를 생각하고 현재의 삶에 적용시켜보자. 하고 싶은 것이 있다면 지금 당장 하자. 요즘은 인생의 전성기 나이를 50~60세라고 하지 않던가! 공부는 나이와는 관계가 없다. 끊임없이 도전해보자. 이 모든 것은 건강이 보장될 때 이룰 수 있는 것이다. 건강을 잃어 보니 인생을 살아갈 때 가장 중요한 0순위가 건강인 것을 알았다. 몸과 마음의 상태를 가장 좋은 상태로 유지하기 위해서 아낌없이 나에게 투자한다. 이제는 내가 갖고 있는 능력을 두려움 없이 행동으로 옮기고 있다. 이제는 진정한 자유인으로서 내가 갖고 있는 끼와 재능을 맘껏 발휘하면서 성공자의 삶을 살고 있다.

"Just do it!"

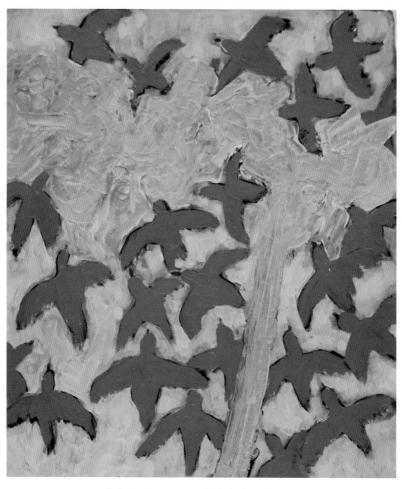

파랑새 II | 35×45cm | 장지 아크릴 | 2014

내 마음 안에서 "너는 원래 그림을 그릴 줄 모르잖아."라는 소리가 들려오면
그럴수록 그림을 꼭 그리세요. 그러면 그 소리가 일시에 고요해집니다.
– 빈센트 반 고흐(Vincent van Gogh)

5
흔들리며 진짜 인생 살아보기

밭 한가운데 나 혼자다. 나는 햇빛이 내는 소리를 들으려 조용히 눈을 감아본다. 바람 소리조차 숨죽이는 순간, 나는 밭 한 가운데 자리를 잡았다. 비가 며칠 전에 내려서인지 땅이 숨을 쉰다. 폭신폭신하다. 흙을 한 움큼 쥐었다가 바람에 날려본다. 흙이 햇빛을 받고 있다는 느낌이다. 참 따뜻하고 사랑스런 흙이다.

'푸드득…' 정적이 깨진다. 화려한 것을 보니 꿩 수컷 장끼다. 힘차게 날아가는 모습을 보다 보니 고라니도 보인다. 가까이에서 보고 싶어 숨죽이며 살금살금 다가갔는데, 눈을 마주치는 순간 곁을 내어주지 않고 폴짝폴짝 뛰어서 산 속 깊이 사라진다.

겨울 내내 움츠렸던 나뭇가지에서 꽃눈이 모습을 드러내고 있다. 내 땅에 있는 나무와 꽃들이 너무나 사랑스럽다. 밭 주변에는 작은 냇물도 흐른다. 모양은 그리 훌륭하진 않지만 졸졸졸 흐르는 물소리가 스트레스를 한 번에 날리기에 충분했다. 참 조용했다. 아니 너무 조용했다. 내 숨소리만 들리는 그런 곳이다.

정말 조용한 오지마을이다. 별방! 한글 이름이 예쁘고 무엇보다 가구 수가 1가구밖에 되지 않았던 게 내 마음을 사로잡았다. 난 단양에 있는 오지마을 별방 땅을 매입했다. 그 땅이 집을 지을 수 없는 곳인 것도 모른 채…. 아무도 없고 조용한 곳에서 예쁜 집 짓고 작업하며 살아야지 하는 마음밖에 없었다. 아니 오지로 숨어서 지내고 싶은 마음이 강했다. 그동안 너무나 시끄러운 환경 속에서 지친 나에게, 고통을 받았던 나에게 보상해주고 싶었다. 그곳은 오지라고 생각했고 조용한 곳이어서 무엇보다 마음에 들었다. 그뿐이었다. 집을 지을 수 없는 곳인지도 모른 채 매입했던 게 잘못이었다. 내 집은 꿈속에서만 머물러버렸다.

나는 삼척 죽서루에 가끔 간다. 자연 위에 지은 죽서루의 풍광을 보기 위해서이다. 크고 작은 자연암석이 기단이 되어 건축된 죽서루는 관동팔경 중 제일이다. 정자나 누는 모두 바다를 끼고 있는데 죽서루는 유일하게 오십천이라는 강을 끼고 있다. 이 또한 너무나 매력적이다. 누정에서 바라보는 경치는 춤과 노래가 절로 나올 법한 풍경이다. 판소리를 할 수만 있으면 한 곡 부르고 싶은 심정이었다. 나는 판소리 대신 오죽을 감상하면서 그림을 그리고 왔다. 오죽이 바람에 흔들리는 모습이 너무나 멋지다. 나는 커다란 바위에 몸을 기댄 채 하늘을 본다. 파란 하늘이 너무나 아름답다. 대나무 숲에서 나는 소리일까? 알 수 없는 소리들의 향연이 시작된다. 가만히 눈을 감고 소리를 들어본다. 윤선도의 〈오우가〉 시조를 조용히 읊어본다.

나무도 아닌 것이 풀도 아닌 것이 / 곧게 자라기는 누가 그리 시켰으며 / 또 속은 어이하여 비어 있는가 / 저리하고도 네 계절에 늘 푸르니 / 나는 그것을 좋아한다.

대나무가 딛고 있는 땅이 보인다. 아직도 세상 밖으로 나오지 못하는 내가 보이는 하루이다. 하루빨리 과거에서 나와 찬란한 햇빛을 향해 쭉쭉 뻗어나가고 싶다. 대나무는 씨를 뿌린 지 5년 정도를 기다려야 죽순이 땅을 뚫고 나오기 시작한다. 대나무가 4년 동안 아무것도 하지 않는가? 나는 그 4년의 의미를 되새겨본다. 나는 지금 무엇을 생각하고 무엇을 하고 있나를 자연에서 겸허하게 배우는 중이다. 대나무는 외면과 내면이 너무나 다르다. 휙휙 휘어지고 바람에 흔들거리지만 절대로 꺾이거나 부러지지 않는 근성이 있다. 사람한테 상처 받았다고 혼자 있고 싶어 했던 나였는데 대나무들은 함께 어울려 숲을 이루었다. 그 넉넉함에 나는 반

했다. 외면은 단단하고 속은 부드럽고 비어 있다. 마음을 비우면서 살아가는 대나무가 존경스럽기까지 하다.

4년간의 철저한 준비 속에 힘차게 튀어나오는 용수철 같은 대나무의 근성을 내 삶에 비추어본다. 살아날 것 같지 않은 대나무 순들이 땅속에서 영양분을 비축하며 세상에 나올 그날을 기다리며 시간을 보낸 것처럼 힘든 나날을 견디고 나의 찬란한 봄을 기대해본다.

사람들은 저마다 꿈이 있다. '저 푸른 초원 위에 그림 같은 집을 짓고' 가수 남진의 〈임과 함께〉라는 노래 가사도 있듯이 사람들은 전원주택을 짓고 사는 게 로망일 것이다. 집의 의미는 저마다 생각이 다른 것 같다. 나에게는 그냥 세상과 단절된 곳에서 자연과 친구하며 사람들을 만나지 않은 채 살아가는 곳이 내 땅, 내 집이었다. 단양군 별방리 땅은 도로가 없는 채로 집을 지을 수 없는 상황이 계속되었고, 나는 결국 그 땅을 팔아버렸다. 아무런 준비도 없이 세상 도피처로만 생각했던 것이 문제가 되었다. 사람한테 받은 상처를 사람과 어울리며 풀고 치유를 받아야 한다는 생각을 하기 시작했다.

마음의 상처는 사람과 어울리며 치유 받자는 생각으로 꽉 차 있을 때 나는 학교에서 청소년 단체 업무를 맡게 되었다. '많은 사람과 부딪혀보자.' 하는 생각으로 처음에는 청소년연맹을 조금 하다가 청소년적십자 활동을 하게 되었다. 활동한 9년간 주말과 휴일은 반납해야 했다. 그러나 나는 바빠진 일상이 오히려 좋았다.

강원도 영월에 있는 동강 래프팅 체험하는 날이었다. 지도교사 활동이었다. 래프팅은 고무로 만든 보트에 6~8명씩 타고 계곡이나 강의 급류를 타는 레포츠 활동이다. 그냥 잔잔한 강에서 배를 타도 무서운데 이런 곳에서 래프팅을 한다. 정말 더운 날씨였다. 안전요원의 통제를 받으며 구명조끼와 헬멧을 착용했다. 주변의 모든 소리가 제거된 느낌이었다. 교사들은 간단한 준비운동을 마치고 보트를 함께 들고 강으로 갔다. 손에 땀이 나기 시작했다. 가장 힘들다고 하는 급류를 무사히 빠져나온 우리 보트는 잔잔한 물살이 있는 강 한가운데로 갔다. 한숨 돌리고 가려나 하는 생각이 드니 마음이 편안해졌다.

그때 갑자기 보트가 뒤집힌다. 안전요원의 장난(?)이 시작되었다. 함께 보트에 탔던 교사들 모두가 물속으로 빠졌다. 나는 얼마나 깊이 들어가는지 몸이 떠오르지 않았다. 정신을 차리고 몸을 쭉 뻗으며 수면 위로 힘차게 물을 밀어내며 올라갔다. 구명조끼를 입었기 때문에 조금은 안심이 되었지만 갑자기 물에 빠지면서 강물을 얼마나 먹었는지 코도 맵고 목도 많이 아팠다. 내 수영 실력은 물에 좀 뜨는 정도이고 조금 앞으로 가는 정도였다. 그 실력으로 나는 보트 쪽으로 헤엄쳐갔다. 안전요원은 나를 뒤로 돌리더니 조끼를 잡고 힘을 주며 잡아 올렸다. 그런데 어쩌려는 건지 다시 물속에 빠뜨린다. 나는 몇 번을 속고 속은 뒤 안전하게 보트 위로 올라왔다. 그 안전요원은 내가 너무 무거워서 손이 미끄러졌다고 했다. 웃어야 할지 울어야 할지. 한바탕 웃으면서 활동을 마쳤다.

래프팅은 온몸의 운동 효과가 매우 크다. 어떤 급박한 상황에서 나를 보호하고 대처하는 능력을 키울 수 있다. 특히 자신감과 순발력을 키워주는 레포츠이다. 기막힌 절경을 감상할 수 있고, 맑은 공기도 마실 수 있는 일석이조의 역할도 있다.

나는 그렇게 청소년 단체 활동을 하면서 많은 학생과 학교가 아닌 자연 속에서 함께 공부했고, 많은 교사들과도 또 다른 환경에서 나의 상처를 하나씩 하나씩 치유하기 시작했다.

나는 운동을 싫어했다. 움직이는 게 싫었다. 가만히 앉아서 책 읽고 그림 그리는 것을 좋아했다. 사람들이 많이 모이는 곳은 시끄럽고 불편한 감정들이 많아져서 싫었다.

자연 속에서 바람이 부는 대로 이리저리 흔들리고 숲을 이루며 함께 살아가는 대나무를 보면서 나의 이 같은 습관들이 너무나 부끄럽다는 생각이 들었다.

내 피를 흔들어본다. 마구마구 흔들면서 살아본다. 세상 모든 고여 있는 것들은 썩는다. 나에게 고여 있는, 썩어서 냄새나는 쓰레기 같은 생각과 의식들을 세상 밖으로 버렸다. 사람과 어울리며 치료받고 자연에서 많은 것들을 수혈받자. 이렇게 함으로써 건강을 되찾고 흔들리면서도 나답게 사는 아름다운 인생을 살아갈 수 있는 것이다.

흔들리며 피는 꽃 | 24×30cm | 종이 수성펜 | 2014

6
불행한 나의 과거와 작별하기

새벽 1시가 되었는데도 남편은 귀가하지 않고 있다. 불안한 마음은 틀림이 없었다. 또 일이 터진 것 같았다. 허옇게 질린 핏기없는 얼굴로 외투를 챙겨 입고서 "어머니, 저 어디 좀 다녀올 데가 있어요. 다녀올게요." 나는 집을 나와 택시를 잡기 위해 거리를 서성거렸다. 새벽 안개가 짙게 깔린 적막함 속에 택시가 보인다. 나는 손을 마구 흔들었다. 새벽 1시가 넘은 시간인데 난 겁도 없이 택시를 잡아 타고는 택시기사에게 "ㅇㅇ로 가주세요." 하고 넋이 나간 모습으로 난 두 주먹을 불끈 쥐며 목적지까지 갔다. 내가 찾아간 곳은 그림쟁이들이 자주 모이는 화실이었다. 불빛도 없는 어두컴컴한 계단을 올라가 문을 여니 남편이 거기 있었다. 타

짜에 나올 법한 분위기 속에서 담배를 꼬나물고 카드를 하느라 여념이 없는 남편을 보았다. 나는 주변에 있는 의자들을 발로 차고 나뒹구는 의자들 사이로 남편을 보니 욕이 저절로 나왔다. 나는 이성을 잃었다. 남편의 멱살을 잡고 "너 하나만 죽으면 우리 식구 다 편해!" 빚이 산더미 같은데 정신 못 차리고 노름하는 남편이 사람으로 보이지 않았다. 남편은 나에게 무릎 꿇고 빌었다. 다시는 안 한다고, 한 번만 용서해주면 안 되겠느냐고…. 세 아이의 아빠이고 내가 선택한 남자인데…. 나는 또 한 번 믿어주기로 하고 집으로 돌아오는데 택시 안에서 남편은 "당신이 조금만 늦게 왔으면 그 판돈은 다 내 거였다고." 하면서 아쉬워했다.

우리 둘은 미술대학에서 CC로 만나 연애하고 사랑과 신뢰가 쌓여 결혼했다. 행복한 마음으로 그림 그리고 부부 전시회도 열고 행복하게 살자며 결혼했는데…. 서로의 거울이 되어 사랑하며 살아도 짧은 인생이건만, 창작하는 귀한 손으로 남편은 노름하고 보증 서고 사채 쓰고 또 노름하며 세월을 보냈다. 사람들은 왜 도박을 하는가? 사람들이 사는 게 재미가 없거나 돈이 급하게 필요해서 도박에 손을 대는 게 아닐까? 명쾌한 답을 내리기가 어렵다. 그런데 남편은 교사라는 좋은 직업이 있고 결혼해서 안정적인 가정이 있는데 왜 도박을 하는지 이해 불가였다.

남편은 도박으로 잃은 돈을 메우기 위해 또 도박을 했다. 신뢰가 무너지고 금전적인 문제가 생기면서 가족 간에 갈등의 골은 더욱 깊어만 갔다. 한숨만 늘어가고 삶의 무게가 감당이 안 되는 나는 세 아이의 엄마이고 이 집안에 며느리이고 한 남자의 아내라는 사실을 내려놓기 시작했다. 남편 뒤치다꺼리하고 괴로운 상황이 길어지면서 나는 과도하게 참고 희생한 내가 가여워졌다. 또다시 도박을 하거나 나에게 신뢰를 주지 못하면 나는 이 집에서 나가리라 생각했다. 무엇 때문에 도박하는지 물어본 적이 있다. 돌아오는 답은 '폼나게 살고 싶었다고.' 나는 너무 어처구니 없고 기가 막혔다. 지금 사는 상황이 폼나는 건데….

아들이 없어서 남편이 가정에 마음을 두지 못하고 방황한다는 생각을 한 적이 있다. 아이를 낳고 보니 딸이었고 또 낳고 보니 딸, 이번에는 꼭 아들이길 바라면서 낳았는데 또 딸이었다. 시아버지는 가족이 형성이 안 되었다고 그 흔한 가족사진 한 장 못 찍게 했다. 그래도 남편이란 사람이 '아버지, 요즘 세상은 딸이 최고예요.' 하며 당당히 가장으로서 역할을 해야 하는데 남편은 그렇게 하지 못했다. 시아버지는 어느 날 족보를 들추면서 생기지도 않은 손자 이름이 있는 곳을 짚으며 '얘가 손자다. 얼른 아들 하나 만들어라.' 손자 타령이 시간이 가면 갈수록 망상 수준에 도달하는 것 같았다. 시어머니는 한 술 더 뜨며 입양을 하자고 하신다. 요새 젊은 애들이 연애해서 낳은 아이들이 있는데 그 애기를 보고 왔다고 했다. 남편은 내 의견도 묻지도 않은 채 부모와 뜻을 함께했던 것 같다. 저녁을 먹고 하루 일과를 마치고 자리에 누웠는데 나에게 이런 말을 한다.

"몇 개월 된 아이를 데리고 올까?"

"뭐를?"

"아들 말이야."

"……."

이날 나는 뜬 눈으로 밤을 보냈다.

시부모와 남편은 입양을 해서라도 반드시 대를 이어야 한다는 생각이었다. 며느리가 이렇게 고생하면서 살고 있는데 이제는 아들 타령, 손자 타령으로 나의 목을 조르고 있었다. 입양이 나쁘다는 게 아니다. 며느리인 나에게 상의도 없이, 아내에게 진심어린 상의도 없이 세 사람이 의견을 모아 일을 추진했다는 사실이 나를 분노케 했던 것이다. 나는 이 집안에서 뭘까? 너무나 속상하고 괴롭고 사람들을 극도로 증오하게 되었다.

결혼생활에서 나는 내 감정이 없었다. 억압된 감정 때문에 나는 소리를 크게 지르는 사람이 제일 무섭고 두렵다. 남편이 도박으로 또 빚이 쌓일 때면 시아버지는 죽는다고 머리를 거실 창문에 부딪히며 고통스러워하셨다. '탕, 탕' 유리창이 깨질 듯 큰 소리가 난다. 시어머니는 아들을 데리고 방으로 들어가 방문을 '딸깍' 잠근다. 그리고 이어서 남편이 맞는 소리가 들린다. 나는 내 방으로 들어와 또 울고 또 울었다. 나는 누구에겐가 힘든 내 속마음을 털어놓고 싶었다. 그러나 난 그렇게 하지 못했다.

내가 이렇게 사는 걸 알게 하고 싶지 않았다. 친정 부모님께도 알릴 수 없었다. 행복하게 살 줄 알았던 둘째 딸이 이렇게 고생을 한다 생각하면 얼마나 상심이 크실까 하는 생각이 들었다. 어떻게든 힘들게 사는 나의 결혼생활을 숨겨야만 했다.

인생을 살면서 과거에 아픈 상처가 없는 사람이 있을까? 결혼생활이 매일 꿈결처럼, 솜사탕처럼 달콤할 수 있을까? 나는 내가 처한 상황이 너무나 기가 막히고 그 안에서 해결책을 찾을 수 없을 만큼 내 자아는 한없이 작아져 있었다. 불행한 과거를 통해 만난 사람들을 너무나 미워하고 증오하면서 이혼 후 나의 40대를 보낸 것 같다. '나를 불행하게 만들었다고.', '내가 너를 만나 이렇게 되었다고.' 하면서 나를 누구보다도 아끼고 사랑하고 존중해야 하는 나이지만 그렇게 나는 과거 속에 갇혀서 나를 미워하며 오랜 시간을 보냈다.

잘못된 인연으로 불행한 결혼생활을 했지만 어찌 보면 내가 잘못 생각하고 의식의 변화없이 살아온 내 탓이 크다는 것을 깨닫게 되었다. 얼마든지 결혼생활의 주인이 되어 지혜롭게 삶을 꾸려갈 수 있었던 기회를 난 다 놓쳐버렸다. 이제는 나 자신을 위해 살고 싶다. 남편을 미워하고 증오했던 지난 과거의 시간들을 떠나보낸다.

이혼한 지 18년이 지난 지금 나는 한(恨) 많은 결혼생활, 지옥 같은 그곳에서 인연을 맺은 사람들을 용서하기로 한다. 앞으로의 내 인생을 위해, 내 자신을 위해 철저히 아픔을 이겨내고 그 사람들을 잊고자 한다.

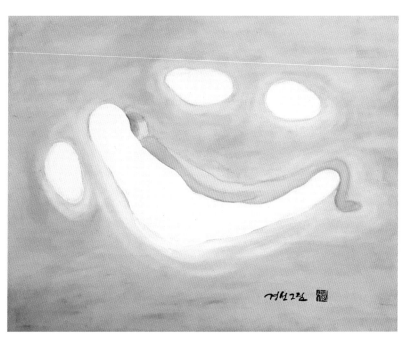

휴(休) | 35×45cm | 장지 분채 | 2017

퇴근길 차 안에서 창문 밖 풍경이 눈에 들어왔다. 파란 하늘에 하얀 구름이 너무나 예뻤다. 소리도 없이 유유히 흐르다가 흩어지고 서로가 엉겨 붙다가 흩어진다. 구름을 보면서 생각한 것들을 그림으로 그리고 싶었다. 집에 도착한 후 나는 눈 깜짝할 사이에 작품을 완성했다. 잠시 멈추고 바라본 하늘에서 측은한 내 모습이 보였다. 마음 심(心)이 구름 모양이 되고 그 위에 사람이 편하게 기대고 있는 모습을 그렸다. 편안하면서 약간 슬픈 느낌의 작품이다. 난 이 작품이 참 정이 간다. 내 마음을 달래고 살피는 계기가 된 작품이기 때문이다. 이제는 내가 보인다. 내 마음이 보이기 시작했다. 진정한 자유로움을 느끼고 있다.

진정한 용서가 무엇인가? 잘못을 저지른 사람들을 너그럽게 봐주고, 내 마음에 쌓였던 악한 감정들을 떠나보내는 것이라고 생각한다. 이제 나를 괴롭혔던 수많은 감정들을 훌훌 떠나보낸다. 참으로 기나긴 여정이었다. 나를 아끼고 사랑하는 방법이 무엇인지 알게 해준 고마운 시간이었다. 나를 불행하게 만들었던 지난 과거의 시간들, 그 기나긴 인연의 끈을 이제야 끊어낸다. 눈에서 뜨거운 눈물이 흐른다. 나를 찾기까지 참으로 오랜 시간이 걸렸다.

불행했던 나의 과거와 작별하는 오늘이다. 내 인생을 나답게, 멋지게 살기 위한 첫발을 내디뎌본다.

7

이제 미래에 대해 고민하기

분주한 아침이다. 내가 제일 좋아하는 김치 김밥도 준비하고, 사과도 깎아서 담고, 꽁꽁 얼린 물, 그리고 당을 높이는 초콜릿과 사탕도 챙겼다. 마지막으로 스케치북과 붓펜도 챙겼다. 오늘 산행의 준비물들이 가방 속으로 들어갔다. 완벽하게 준비를 하고 집을 나섰다. 등산 모임도 아니고 오로지 나 혼자 산행이다. 조금 겁도 났지만 그리 높지 않은 산을 선택했다. 오늘 나는 충북 단양에 있는 제비봉(721m)을 오른다.

제비봉! 산 이름이 너무 이쁘다. 이 산은 바위 능선이 제비가 날개를 활짝 펴고 하늘을 나는 모습 같다고 해서 제비봉이다. 얼마나 걸었을까. 발 아래 펼쳐지는 충주호 풍광이 너무나 근사하다. 큰 바위를 뚫고 자란 소나무의 자태가 일품이다. 족히 천 년은 넘어 보이는 소나무 앞에 등산객들의 탄성이 끊이지 않는다.

멋진 소나무를 보고 나서 편하게 그릴 만한 자리를 찾아서 멍석을 깔았다. 소나무의 휘어진 자태가 명품이다. 그 긴 세월을 꿋꿋이 버티어온 소나무가 너무나 대단했다. 나는 연필로 그리는 것보다 붓을 이용해서 한 붓에 그리는 그림을 좋아하고 자주 그린다. 이번에도 먹물을 작은 병에 챙기고 휴대용 붓펜을 이용해서 소나무를 그리기 시작했다. 몇 분이나 지났을까? 등산객들은 그림 그리는 내 주변으로 몰리면서 그림을 감상했다.

나는 사실 조용하게 등산하고 그림을 그리고 싶었다. 조금 한적한 곳을 찾아서 그린다고 했는데도 이색적인 풍경은 등산객들의 시선을 모으기에 충분했다. 여기저기에서 그림에 대한 칭찬이 쏟아진다. 칭찬 세례를 받고 나니 쑥스러운 생각이 들어 자리를 정리하고 등산을 계속했다. 내 그림을 보던 한 등산객은 내 옆으로 오더니 말을 걸어온다.

"언제서부터 그림을 그렸어요?"

"엄청 잘 그리네요."

"감사합니다."

"아까 보니까 글씨도 쓰시던데…."

"좋은 재주를 가졌네요."

처음 본 사람들과 몇 마디 나눈 나는 그분들에게 '칭찬해주셔서 감사합니다.' 인사하고 소나무 아래에서 조금 쉬면서 천천히 오르기로 했다. 산 건너편에 멀리 보이는 파란 집들이 너무 이쁘다. 모든 지붕 색이 파란색이다. 두항 마을이다. 그 마을을 가기 위한 길들이 너무 정겹다. 소나무를 그리고 보니 이제 산들이 보이기 시작했다. 우리의 인생과 꼭 닮은 산들이 서로를 의지하며 멋진 자태를 뽐낸다. 위대함과 경외감이 드는 순간이다.

'산이 나의 인생이고, 내 인생이 산과 같은데 구불구불 이어지는 산 능선을 따라가다 보면 못 갈 곳이 어디 있으며 이어지지 않는 길이 또 어디 있을까.' 하는 생각이 들었다. 늘 한결 같이 그 자리에서 푸른 소나무에서 나의 고단한 인생이 보였다. 인고의 세월을 견뎌낸 소나무가 얼마나 멋진가! 산이 높으면 골도 깊다고 했다. 골이 깊어야 아름다운 경치가 만들어지지 않던가.

아픈 상처로 인해 불편한 감정과 부정적인 생각들이 꽉 차 있었던 지난날에 대한 회한이 감돈다. 움푹 패인 골짜기가 하나둘 생기면서 내 인생의 아름다운 산을 만들고 있구나 하는 생각을 하게 한 산행이었다.

참 오래전 일이다. 중학교 2학년 무용 시간이었다. 그때 무용 선생님은 우리 반 전체를 강당으로 오라고 하셨다. 빙 둘러 앉은 우리들에게 선생님은 수업 주제를 발표하셨다. '음악에 맞춰 자유무용하기'다. 우리 반 친구들은 전체가 "우~!"하면서 힘든 내색을 표현했다. "선생님, 너무하세요." 여기저기서 몸을 비틀고 불만스러워하는 표정을 본 선생님은 1번부터 나와서 해보라고 하셨다. 1번, 2번, 3번…. 22번이 지나가도 우리 반 친구들은 움직임 없이 전봇대처럼 서 있다가 들어갔다. 선생님은 "그냥 몸 가는대로 움직여봐라~. 뭐가 어려워?" 하셨다.

드디어 내 차례다. "23번 나와서 해봐라." 나는 원 중앙에 서서 음악을 들었다. 소녀의 기도가 흘러나왔다. 나는 잠시 눈을 감고 음악을 감상한 후 느껴지는 대로 몸을 움직였다. 이쪽저쪽 오가며 손을 올렸다 내렸다. 몸을 돌리기도 하고 무릎을 꿇고 천정을 쳐다보기도 하면서 춤을 췄다. 선생님은 계속 음악을 틀어주셨다. 음악 3곡에 춤을 마친 나는 친구들과 선생님의 박수를 받으며 자리로 돌아왔다. 선생님께서는 "잘하는구나. 경선아~, 너 무용반에 들어와라." 하셨다. 나는 어리둥절했다. 잘한다고 칭찬을 받으니까 너무 긴장되고 흥분이 되었다. 교실로 돌아왔지만 친구들의 관심은 계속되었다.

음악이 있는 곳에 나는 신명이 있다. 일요일이면 〈전국노래자랑〉 TV 프로를 자주 시청한다. "전국~~노래자랑!" 송해 사회자가 나와서 일요일의 남자를 외치는 일요일 12시를 무척 기다린다. 출연자들의 유치한

몸놀림, 재미있는 콩트, 사회자와 이루어지는 개그들은 나에게 웃음을 선물해주었다. 무엇보다 출연자들의 실력이었다.

가끔은 '땡' 하는 실로폰 소리로 탈락하는 음치들도 있었지만 가수 못지 않은 실력을 가진 출연자들도 있었다. 노래가 시작되고 아는 노래가 나오면 무조건 따라 불렀다. 트로트의 간드러지는 '꺾기'를 따라 하면서 웃고 또 웃었다. 이번엔 춤이다. 너무너무 흥이 솟는 나는 소파에 앉아 있을 수가 없었다. 엉덩이가 실룩실룩, 어깨가 들썩들썩하며 거실을 돌아다니며 춤을 추었다. 신나게 1시간 정도를 노래하고, 박수치고, 춤을 추다 보니 내 몸에서 엔돌핀이 팍팍 솟는 느낌이 들었다. 너무나 기분이 좋고 몸이 가볍다.

춤을 통해 자신의 몸과 더욱 친해지고, 자신의 감정을 이해하게 된다. 몸을 움직이자. 음악을 들으며 천천히 리듬을 타자. 내 마음이 편해지고 자유로운 움직임으로 내 안에 있는 마음의 표정을 살피게 된다.

과거의 상처로 인해 나는 실패한 인생이다. 남들 시선을 의식하고 위축되면서 살아온 내 인생. 미움과 증오로 가득한 성난 내 인생의 한복판에서 언제 터질지 모르는 살얼음 같은 인생을 살아왔다. 지난 시간은 과거에 머물게 하자.

나에게 상처를 준 사람들을 용서한다. 진정한 자유인이 되기 위해서 용서라는 단어를 감히 쓴다. 사람이 어찌 사람을 용서할 수 있을까? 나에게 상처 준 사람들에게 나 또한 그들에게 상처를 주지 않았는지 생각해본다. 가슴 아픈 일들이 많았기에 내 인생의 선들이 아름답다. 나를 함부로 대하고 고생했던 나를 사랑하며 살자. 이제 내 나이 오십 중반이다. 앞으로 나는 어떻게 나이 들어갈 것인가에 대한 고민을 진지하게 할 때이다. 어떤 준비가 필요할까? 내 인생의 전성기가 시작되는 첫 문을 어떻게 열 것인가에 대해 공부가 시작되었다. 아름답게 익어가는 나이를 위해 오늘 나는 버킷리스트를 새로 써본다.

미워했던 사람들을 용서하자

나를 사랑하자

마음 가는 대로 살자

나와 닮아 있는 자연의 멋을 자주 느끼자

나의 재능을 맘껏 펼치며 살자

남의 시선은 과거 속으로 보내버리자

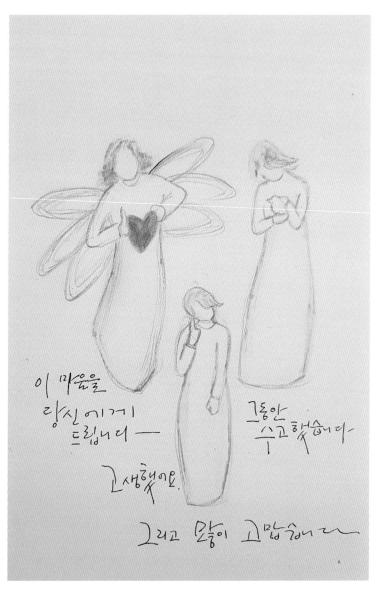

수고했어 | 20×30cm | 종이 붓펜 | 2016

2
죽음의 위기를
겪으며
깨달은 것들

1

몸이 아픈 건 마음이 아프다는 신호이다

오늘도 편두통이 심하다. 나는 매일 머리가 아프다. 편두통약을 먹었는데도 통증이 가라앉지 않는다. 한 알을 더 챙겨 먹고 누웠다. 고개를 옆으로 살짝 돌리는 것도 힘들다. 나는 주말이 싫다. 월요일부터 금요일까지 학교에서 바쁘게 보낸 후 주말과 휴일은 온전히 나 혼자다. 밖을 나가기가 싫다. 편두통 약을 챙겨 먹고 어떻게 잠이 들었는지 토요일 저녁 8시가 돼서야 깼다. '얼마나 잔거야?' 침대에서 일어나려는데 머리가 아프다. 아직도 골이 흔들리는 느낌이다.

금요일 출근할 때 한 화장도 지우지 못한 채 잠이 들었으니 얼굴이 말이 아니었다. 뭉개진 마스카라가 내 눈 전체를 덮었다. 좀비 같아 보였다. 눈 밑 그림자는 얼굴까지 내려와 있고 서걱서걱 소리 나는 얼굴을 비비며 거울 앞에 서 있다. '물 한잔 먹어볼까?' 나는 찬물을 마셨다. 식도를 타고 내려가는 차가움은 청량감이 아닌 속이 쓰린 느낌이었다. 싱크대에 다 마신 물 컵을 내려놓으려는데 공간이 없다. 설거지도 하지 않은 그릇들이 쌓여 있다. 수전에서 나오는 수돗물조차도 찬 기운이 싫다. 또 우울해진다. 싱크볼에 물만 뿌리고 다시 소파로 왔다. 소파에 앉아 아무 생각 없이 TV를 켜고 바보가 되었다.

화장도 지우지 못한 얼룩진 얼굴을 보기 전에 내 안에 상처를 보듬어주자. 어지러운 집안을 보기 전에 엉망이 된 내 마음속을 들여다보자. 편두통이 심하다. 목과 어깨의 통증이 있는 것도 내 마음이 아프기 때문에 오는 당연한 병이 아닐까 싶다. 나의 아픈 마음을 달래주고 위로해줄 사람은 지인도 아니고 부모도 아니고 자식도 아니다. 오로지 나밖에 치료약이 없는데 나는 그 약을 찾지 못해 방황만 했다.

몸이 보내는 신호에 대해 무심하지 말자. 세심히 살펴보자. 몸이 아픈 나에게 '아프구나~, 그동안 그렇게 힘들게 살아서 아픈 거야.' 하자. '괜찮아질 거야.' 하면서 나를 위로해주자.

마음이 조금이라도 힘들 땐 적극적으로 치료를 받아야 한다. 마음의 감기를 방치하게 되면 면역력이 떨어지고 삶의 질까지 나빠지게 된다.

어깨가 짓눌리는 느낌이 든다. 뻣뻣해지는 목과 어깨도 아프다. 점점 통증이 심해졌다. 운전도 하기가 어려웠다. 동네 병원에서 치료를 받는데도 별 차도가 없다. 통증이 너무 심하다 보니 잠도 오지 않는다. 새벽 3시가 넘었다. 드디어 진통제를 먹었다. 목이고 어깨고 너무 아파서 도저히 일상생활을 할 수 없었다. 한 달 이상 왼팔, 어깨, 등이 너무 아팠다. 서울에 있는 전문 병원에 예약을 했다. 병원에서 진찰을 받은 결과 놀라운 사실을 의사에게서 들었다.

"MRI를 보니 목 5, 6, 7번 디스크가 모두 망가졌어요."
"이렇게 심할 정도가 되도록 어떻게 참았어요~?"
"바로 시술합시다."

시술이 시작되었다. 머리에 무언가를 덮는다. 두꺼운 천으로 또 덮고 또 덮는다. 목에 시술할 관이 들어갈 자리만 남기고 몸 전체를 천으로 덮는 느낌이 들었다. 몸은 앞으로 엎어진 상태였다. 아무것도 보이지 않는다. 부분 마취만 하고 바로 시술이 시행되었다. 공포에 질린 나는 가는 관이 내 목으로 들어가는 것을 느꼈다. '악' 소리가 절로 나온다. 너무 아프다. 기절하기 직전이다. 전기충격을 주듯 찌릿하면서 통증이 심해진다. 이를 악물고 시술하는 동안 참았다. '이 또한 지나가리라.'를 몇 번을 외쳤는지 모르겠다. 의사는 시술 과정에서 나의 반응을 계속해서 묻고 대답을 원했다. "손끝까지 전기 가는 느낌이 드나요?", "네." 질문하면 대답해야 하는 시술 방식이 너무 낯설었다. 1시간 정도의 시술은 무사히 끝났다. '세상에나, 이렇게 아플 수가 있을까?' 얼굴은 땀과 눈물로 범벅이 되었다.

목 디스크는 목 주변의 근육과 인대가 오랜 시간 동안 압력을 받아 디스크 기능을 하지 못하는 것이라고 한다. 원래 제자리에 있어야 할 디스크가 빠져 나와서 목 주변의 신경들을 누르기 때문에 두통도 생기고 목 주변의 많은 통증과 손 저림까지도 생긴다고 했다. 오랫동안 습관처럼 자리 잡은 자신 없는 태도와 불편한 마음들이 모여 병을 내 안에서 키운 것이었다.

목에 힘을 주고 늘 내 몸은 스트레스를 받았고 긴장하는 습관이 몸에 배었다. 목은 항상 뻐근해서 뒷목을 잡고 다니는 내 모습은 일상적인 일이었다. 오랫동안 구부정한 자세가 지속되었다. 가슴은 펼 줄 몰랐다.

학교에서 업무를 보다 보면 컴퓨터 사용은 필수이다. 작은 화면을 오래 보다 보니 눈도 피곤해지고 점점 시력은 나빠지고 말았다. 내 마음은 편하지 않은데 학교일은 많고 심리적인 불안이 '일자목'을 만든 것 같다. 오랜 시간동안 의자에 앉아서 일을 하는 나는 병에 노출되는 시간이 많았다. 내 몸은 선순환이 되지 않고 악순환이 되어 늘 움직이는 종합병원이라는 말까지 듣게 되었다.

내 마음은 불편한 감정들이 많았고 머릿속에는 온갖 고민과 걱정이 끊이지 않았었다. 우울한 마음이 들면 모든 기능이 활력을 잃고 만다. 만사가 귀찮아지고, 자꾸 누우려고만 한다. 자신 없는 마음은 고개를 떨구고 만다. 어쩌면 이런 병이 온 것은 당연한 일이었는지도 모르겠다. 사람이 나이가 든다는 것은 찾아오는 병이 많아진다는 것과 같다. 오래 사용한 몸이기 때문에 아픈 건 당연하다. 그러나 나의 나쁜 생각이나 습관으로 인해 내 몸을 상하게 하지는 말아야 한다. 내 마음이 아프면 반드시 몸이 아프다. 나이 들수록 서러운 마음이 들지 않도록 나의 마음을 잘 살피자. 쓸데없는 고민은 이제 하지 말자. 그리고 쓰레기 같은 생각은 더더욱 하지 말자. 그동안 힘들게 살아온 나에게 감사하고 고마워하자.

힘든 결혼생활을 겪으면서 내 몸은 늘 긴장의 연속이었다. 극심한 스트레스를 받고 조금씩 조금씩 이상증세가 나타나기 시작했다. 가슴이 답답하다. 어떨 땐 가슴이 뻐근할 때도 있다. 이유 없이 어지러워 병원을 들렀다. 의사는 갑자기 미주신경 얘기를 했다. 기립경검사도 받았다. 미주신경에 이상이 있다는 의사는 스트레스가 만병의 근원이라고 하면서 스트레스를 받지 말라고만 한다. 조심해야 한다고 했다. 등산할 때 어지러우면 실신할 수도 있다고 하면서 가벼운 산책을 권했다. 그냥 즐겁게 살면 된다는 의사 처방이 나왔다. 어떻게 즐겁게 살지? 온통 걱정거리뿐이고, 화낼 일 천지인데 어떻게 마음 편히 즐겁게 살 수 있을까?

미주신경이 우리 몸에 중요한 신경이라는 것도 그날 처음 알았다. 미주신경의 중요한 역할은 무의식 신체 기능을 조절하는 역할을 한다고 했다. 심박수, 호흡, 소화 기능를 조절하는 역할도 하고 염증을 감소시키는 등 열거해보니 너무나 큰 역할을 하는 신경이었다.

미주신경이 더 나빠지지 않도록 예방법을 알려주었다. 자신의 건강을 위해 노력은 해야 한다고 했다. 의사가 노력해야 하는 몇 가지를 알려주었다.

첫째. 스트레스는 만병의 근원이다. 절대 스트레스를 받지 않도록 주의한다.

둘째. 불안해하지 않도록 한다. 마음에 불안이 지속되다 보면 우울증이 생길 수 있다.

셋째. 즐겁게 살아야 한다. 긍정적인 생각을 가지고 즐겁게 살다 보면 건강을 찾을 수 있다.

행복해야 웃는 게 아니라 웃어야 행복해진다. 억지로라도 웃어보자.

"하하하, 크크크……."

화려한 여름날에 | 35×45cm | 장지 아크릴 | 2017

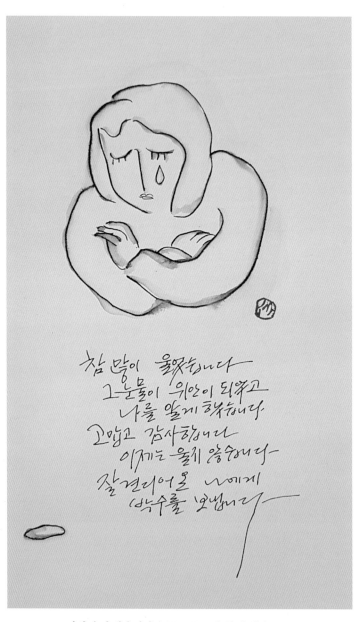

이제 울지 않을거야 | 20×30cm | 종이 펜 | 2020

2
나는 나의 한계를 스스로 정하고 있었다

2018년 3월 새 학기가 시작되고 있었다. 다른 때와는 달리 피곤한 날이 잦았고 독감이 며칠째 낫지 않았다. 고열과 오한이 지속되었다. '신학기라 업무가 많아서 좀 힘든거야.' 하며 대수롭지 않게 생각했다. 하루 일과를 마치고 샤워를 하는데 뭔가 이상하다. 부랴부랴 수건으로 몸을 닦는데 한쪽 가슴이 보조개처럼 움푹 들어가 보였다. 뭔가 딱딱한 이물질이 만져지기도 했다. '뭐지? 어~, 이상하다!' 온몸에 힘이 빠졌다.

유방암일까? 의심하며 관련된 정보를 얻기 위해 인터넷 검색을 했다. 나는 내 눈을 의심했다. 유방암일 가능성이 높다는 정보들이 너무나 많았다. 침이 마르고 속이 타들어가는 듯했다. 정신이 혼미해졌다.

이튿날 병원을 찾아가서 유방 초음파 사진을 찍었다. 의사는 정상 세포 같지 않은 게 보인다고 했다. 빨리 큰 병원에 가서 조직검사를 받으라고 했다. '내 몸에 암 덩어리가 있어? 아닐 거야~. 미리 걱정하지 말자.' 하면서 나를 위로했다. 인근에 있는 여성암 전문병원을 찾아가 검사를 하는데 성게처럼 생긴 시커먼 형태가 모니터에 보였다. 의사는 1cm 정도의 종괴가 보인다고 했다. 사형선고를 받은 느낌이 들었다. '내가 이런 병에 걸려 죽는구나. 내가 암환자야? 내 가슴 한쪽이 흉하게 도려내지겠지.' 오만가지 생각들이 꼬리에 꼬리를 물고 나를 괴롭혔다. 조직을 떼어내는 검사는 내 안에 있는 모든 장기를 바늘로 쑤시는 듯한 통증이다. 이렇게 아플 수가 있나? 검사를 마치고 병원 밖으로 나온 나는 벽에 기댄채 엉엉 소리높여 울었다.

사람들은 누구나 건강하게 살고 싶어 한다. 그러나 세상에 아프지 않고 사는 사람들이 과연 몇 명이나 될까? 세상 사람들은 행복하고 건강하게 사는 삶을 원하지만 절대로 두 마리 토끼는 사람들에게 쉽게 오지 않는다.

'대한민국 사망 원인 1위 암(癌), 건강 수명을 갉아먹는 대표적 만성질환, 재발 가능성 높다.' 등 암에 관한 정보들이 넘친다. 남의 일인 줄만 알았었는데…. 내가 이런 병에 걸릴 줄이야….

과연 암은 왜 생기는 것일까? 연구 결과를 보면 생활 습관 같은 환경적

요인 때문에 발생하는 경우가 많다고 한다. 그렇다면 나의 암세포는 언제부터 생겼을까? 암세포가 1cm 자라는 데 5년~20년 걸린다고 알려져 있다. 불행했던 결혼생활부터 시작된 게 아닐까? 근심 걱정이 떠나지 않았던 결혼생활을 이어온 나는 암이 좋아하는 영양분을 몸속에서 키웠던 것이다. 이런 생각을 하니 너무나 내가 불쌍하고 가여워졌다. 왜 내 몸에 이런 몹쓸 암 덩어리를 담느라 그렇게 바보같이 열심히만 살아왔는지…. 오늘도 병에 걸린 나를 부여잡고 서럽게 울었다.

수술실 앞이다. 한눈에 봐도 30명이 넘어 보이는 휠체어 행렬이 눈에 들어왔다. 소독약 냄새가 역하다. 간호사들은 분주히 자신이 맡은 환자들의 정보를 재차 확인하느라 바쁘다. 오전 8시에 수술실 문이 열리고 나는 차디찬 수술대 위에 누웠다. 잠시 뒤 마취약이 몸에 퍼지는 순간 뜨거운 눈물이 귓속으로 흘러들어 간다. 얼마나 시간이 흘렀을까? 수술이 끝나고 회복실에서 나온 시간이 12시 30분을 넘겼다.

나는 6명이 함께 쓰는 병실에 들어왔다. 아픈 표정이 역력한 나에게 먼저 수술을 마친 환우가 인사를 한다. 병에 걸렸다고 힘든 표정 짓지 말라고 하면서 웃으라고 한다. 그 웃음은 무엇을 말하는 것일까? "다른 환자들이 보면 우리는 환자도 아니야. 겉으로 보기엔 멀쩡하잖아. 먹고 싶은 거 다 먹고…." '화성 언니'가 있었다. 본인은 상황이 더 안 좋으면서도 다

보라빛 엉겅퀴 꽃 | 35×45cm | 장지 아크릴 | 2018

른 환자들을 웃기고 또 웃겼다. 요정 같은 언니가 너무나 고마웠다. '내가 선 이 자리를 행복으로 바꾸는 나'를 생각하며 나에게 웃음을 선물해준 환우들의 캐릭터를 그려 선물했다. 반응은 폭발적이었다. "화가 선생님, 너무 감사해요. 너무나 똑같네요." 하면서 자신의 병원 침대 머리맡에 모두 붙여놓으셨다. 보고 또 보고, 웃고 또 웃으면서 병원 생활을 보냈다.

내 병기는 2기 말이었고 종괴의 크기는 1cm 정도였다. 착한 암이라 좋은 결과를 기대했는데, 수술하면서 현미경으로 발견한 림프절 전이로 항암 여부가 불투명했다. 또 다시 두려움과 기다림이 시작되었다. 유전자 검사 결과 향후 5년 안에 재발할 가능성이 아주 미약하기 때문에 항암 화학 요법은 하지 않아도 된다는 의사의 소견을 들었다. 드디어 나에게 행운이 찾아왔다. 감사하고 기쁜 마음으로 25회 방사선치료를 받고 5년 동안 호르몬 차단제를 복용하며 암 투병을 시작했다.

나의 소중한 가슴 일부가 사라졌다. 너무나 흉했다. 움푹 들어간 내 가슴을 보면서 내 인생을 되돌아보기 시작했다. 사람을 미워하고 나를 자책하며, 팽팽하게 기 싸움하듯 나는 나의 불행을 남 탓하면서 서로를 붙잡고 살아왔다. 과거의 삶이 인생의 전부인 양 그 시간 속에서 헤어나오지 못했나 하는 생각을 하게 되었다. 지난 시간에 나를 힘들게 했던 사람들을 용서하기로 했다. 자책하면서 살아온 나를 사랑하면서 살기로 했다. 이제는 마음의 짐을 내려놓고 진정한 삶의 주인공으로 자유롭게 살아보자. 상처를 볼 때마다 다시는 이 같은 아픔을 반복하지 않도록 4가지 새로운 계획을 세워 실천했다.

첫째, 적극적이고 긍정적인 마인드 갖기
둘째, 운동이나 춤 같은 자신이 좋아하는 일에 몰두해보기
셋째, 소중한 나를 위한 식습관 바꾸기
넷째, 사랑하고 감사한 마음 갖기

예전에는 길가에 핀 꽃 한 송이를 보더라도 '너는 참 나처럼 외롭구나.' 하며 생각했고, 사람을 미워하고 일상 자체에 부정적인 단어들이 즐비했다. 부정적인 생각과 조급한 마음을 버리고 여유를 갖는 게 중요하다. 신호등에 빨간불이 켜질 때면 '바쁜데 신호가 계속 걸리네.' 하며 화가 났다. 이제는 긍정적으로 생각을 바꾸는 연습을 한다. '나를 안전하게 목적지까지 안내해주는 신호인 거야.'라고 생각한다. 오늘에 집중하고 좋은 생각을 많이 해야 한다. 모든 것에 적극적이고 긍정적인 마인드를 갖고 기적 같은 오늘을 충실히 살아가야 한다. 유방암은 내게 하늘이 준 선물이었다. 큰 것이 변화를 가져오는 게 아니다. 사소한 것이 변화를 만들어내는 것이다. 하루에 긍정의 단어 10개씩 써보기로 한다.

나는 움직이는 걸 참 싫어했다. 당연히 운동은 남 일이었고, 우울하다는 핑계로 휴일이면 하루 종일 누워 있었다. 소파에 누워서 TV를 보며 몸속 지방을 키웠던 과거의 생활 습관을 들여다보게 되었다. 암세포는 지방을 좋아한다. 몸속 지방이 암세포를 증식시켜 여성호르몬을 만들어 낸다고 했다. 내장지방이 쌓이지 않도록 노력해야 한다. 여성호르몬 차단제를 복용하고 있는데 나쁜 습관으로 내 몸에 지방을 쌓아두면 안 된다. 퇴근 후에는 곧바로 헬스장에서 땀 흘리며 운동하고, 주말이면 산책을 많이 했다. 체중은 6kg 정도가 줄면서 점점 몸이 가벼워지고 기분이 좋아졌다. 틈나는 대로 신나는 음악을 틀어놓고 춤을 춘다. 막춤이라도 좋다. 춤을 추고 나면 기분이 한결 좋아진다. TV는 되도록 멀리하고 꼭 보고 싶을 때면 소파 끝에 앉아 보았고 그 전에는 없었던 몸과 마음의 근육을 키우기 시작했다.

또한 나는 종일 머그잔 1잔 정도의 물도 마시지 않았다. 수분이 부족하면 신진대사가 원활하지 못해서 몸속의 독소가 밖으로 배출이 안 되어 몸이 매우 피곤한 상태가 된다고 한다. 나쁜 식습관으로 나는 그렇게 피곤한 몸을 만들었던 것이다. 사람에게 먹는 게 얼마나 중요한가. 불규칙적이고 폭식하는 습관을 과감하게 바꿔나갔다. 요즘은 물병을 항상 들고 다니면서 자주 마신다. 채식과 단백질 위주의 식습관으로 건강을 되찾아 가고 있다.

오늘도 나는 고통의 시간을 묵묵히 지켜준 남자친구와 함께 산책을 한다. 늘 내 옆에서 위로하고 힘든 시간을 함께 해준 사람. 내 사랑, 내 남자가 내 옆에 있다. 지금도 그때를 생각하면 눈물이 나고 힘든 시간을 잘 이겨낼 수 있게 한 내 사랑에게 감사한 마음이다.

나는 근심과 우울 속에서 화를 쌓아두고 스스로 한계를 만들었다. 암이라는 병도 나 스스로 만든 결과라 생각한다. 의식 없이 늘 패배자처럼 생각하고 행동했다. 나를 이기려는 마음이 없었다. 내 스스로 과소평가 했던 지난 시간의 나를 버리기로 한다.

모든 것을 긍정적인 마인드로 세상을 바라보고, 꾸준한 운동으로 튼튼한 몸을 만들어 나간다. 몸이 건강해야 마음도 건강해진다. 또한 식습관을 바꾸면서 몸이 가벼워졌다. 내게 찾아온 암으로 나는 행복을 선물 받았다. 이보다 큰 축복이 어디 있을까? 나만 모르는 사실이 있다. 나는 능력자이고 아름다운 사람이다. 힘든 시간을 통해 나는 새롭게 세상을 바라보고 성장하고 있다. 내 인생의 터닝포인트가 되어준 암! 오늘도 나는 감사의 기도를 한다.

하늘 한 번 쳐다보자 | 10×15cm | 사진 | 2014

그동안 너무나 열심히 살았던 나를 사랑해라.
나를 따뜻하게 안아주어라.

3
멈춰야 비로소 그 가치가 보이는 것이 있다

유방암 판정을 받고 나는 수술 날짜를 잡기 위해 병원에 전화했다. 병원에서 알려주는 일정에 따라 5월 3일부터 이틀간 모든 검사를 마쳤다. 보름 뒤 검사 결과에 따라 수술 범위와 진행 방법도 달라진다고 했다. 입원 날짜도 잡고 이제는 기다림이다. 어떤 결과가 나오든 의사의 처방을 따르는 수밖에 다른 방법이 없다. 5월 14일에 결과를 보고 입원한 뒤 16일에 수술하자고 연락이 왔다. 난 곧바로 휴직원을 내고 길고 긴 투병 생활을 시작했다.

생각만 해도 눈물이 난다. 그날의 일기에 내 마음이 적혀 있다.

'아프지? / 아플 거야. / 아프고 / 슬프고 / 그래…. / 울어 / 소리 내어 울어 / 괜찮아.'

수술 후 방사선 치료를 받으며 몸이 아플 때도 일기장에서 손을 떼지 못했다. 몸이 아프다. 마음도 많이 아프다. 살랑거리며 부는 바람에도 아프다. 따뜻한 햇살이 나를 비추는데도 아프다. 오늘은 종일 아팠다. 아프다. 아프다. 상처 부위가 솟아 있다. 너무 아파서 눈물이 난다. 얼굴에 흘러내리는 눈물마저도 위안이 되지 않았다.

부산을 다녀왔다. 부산에는 시장이 참 많다. 그중에서도 부산 국제시장에서 사람 사는 풍경을 보고 왔다. 삶의 피로가 쌓일 때 에너지가 넘치는 재래시장 구경을 좋아한다. 억척스럽게 사는 부산 아지매들을 보고 왔다. 국제시장은 볼거리가 넘친다. 먹을거리도 많고 사고 싶은 것, 즐기고 싶은 것들이 많다. 시장 규모 또한 어마어마하다. 시간적인 여유가 생긴 나는 천천히 구경했다. 우리나라에서 서울에 있는 남대문, 동대문시장과는 분위기가 사뭇 다르다. 비릿한 바다내음이 있어서일까? 한참을 구경하고 있는데 열쇠고리가 눈에 띄었다. 부엉이 형태의 작은 열쇠고리이다. 한참을 보고 또 보았다. 너무나 마음에 끌려서 구입을 했다. 구경하는데 집중하다 보니 충주행 버스 시간이 다 되었다. 얼른 정리하고 열쇠고리를 가방에 담고 충주로 가는 고속버스에 올랐다.

열심히 달리는 차 안에
서 갑자기 시장에서 구
입한 부엉이 열쇠고리가
보고 싶었다. 가방을 뒤
적이다 열쇠고리를 찾았
다. 앞자리에 걸려 있는
내 가방 옆고리에 걸어보
았다. 부엉이는 차가 흔
들리는 대로 몸을 흔들고
있었다.

부엉이와 눈을 마주치
며 한참을 가는데 햇빛에
비춰진 부엉이 눈이 반짝
거린다. 가만히 숨죽이며
바라보고 있는데 반짝거

외눈박이 부엉이 | 10×15cm | 종이 펜 | 2018

리는 눈이 두 개가 아니고 하나였다. '이크 불량품을 사왔나 보다. 어쩌
지. 반품도 안 되고….' 이런 생각을 하는 순간 부엉이가 나에게 윙크를
했다. 갑자기 측은한 생각이 들더니 '네가 내 처지랑 많이 닮았구나!' 눈
하나가 없는 모습이 너무나 불쌍하게 보였다. 나는 수술한 후에 모든 것

들에게 감정이입을 하기 시작했다. 지금도 내 가방 고리에 항상 함께하는 부엉이가 나를 지켜주고 있다.

사물에는 각각 상징적 의미가 있다. 부엉이는 '재물', '부'를 상징하는 새라고 한다. 그래서인지 우리들에게 친근하다. 북유럽 스타일 인테리어 가게를 들러보면 부엉이 장식품이 넘친다. 부엉이는 '행운', '행복'을 상징하기도 한다. 부엉이가 흔하게 보이는 이유일 것이다. 부엉이는 재물도 가져다주지만 '수호 새'라고도 해서 개업 선물로 많이 추천한다. 개인적으로 그런 선물은 마음에 들진 않지만 나에게 부엉이가 자연스럽게 찾아와서 윙크를 했으니 이 얼마나 기쁜 일인가?

암 수술로 학교는 휴직을 하고 보니 하루 24식간을 오롯이 나만을 위해 쓸 수 있었다. 너무 바쁘게만 보냈던 생활을 되돌아보게 되었고 몸과 마음에 여유가 생겼다. 조급해하지 않고 천천히 걷다 보니 평소에 보이지 않던 것들이 눈에 들어오기 시작했다. 또한 부정적인 생각이 점점 긍정적으로 변화됨을 느낀다.

나는 화가이다. 한동안 그림도 그리지 못했던 나는 어느 날부터 다시 그림을 그리기 시작했다. 작품을 하게 되면서 마음의 위안을 받기 시작했다. '내가 만약 그림을 그리지 않고 살았다면 어땠을까?' 하는 생각을 한 적이 있다. 아마도 나는 이 고통을 이기지 못했을 것이다. 생명과도 같은 그림을 나는 다시 시작했다. 행복은 늘 손만 뻗으면 있는 아주 가까운 곳에 있다는 것을 많은 사람들은 인지하지 못 한다. 나 역시도 그러했다. 내가 갖지 못한 것에만 집중한 나머지 감사할 줄도 몰랐다. 내가 얼마나 대단한 재능을 가졌는지 알지 못했던 것이다. 갱년기를 통해 '나다운 그림을 그려보자.' 하는 생각으로 그림을 시작했다.

'개인전을 해야 돼.' 하는 중압감을 벗고 소규모로 진행되는 협회전이나 회원전에 한 작품씩 출품하자 하면서 붓을 다시 들었다. 그 전과 비교해서 나의 작품이 많이 달라지는 게 보였다. 과거의 날카로운 형태와 강한 색조에서 벗어났다. 이제는 푸근한 자연의 이미지와 노랑, 파랑이 함께 공존하는 숲과 꽃 그림이 주를 이루었다.

〈씨앗꽃〉(2019作) 그림이 있다. 무수히 많은 씨앗들을 품은 꽃은 이제 날개를 달고 날아갈 일만 남았다. 꼭 지금의 내 마음과 닮은 이 작품에 유난히 정이 많이 간다. 내 상황과 비슷한 느낌이어서 놀라기도 했다. 내 안에 꽉 차 있는 것은 부정적인 생각이든 긍정적인 생각이든 간에 어떤 형태로든 꼭 표출된다는 사실에 너무 놀랐다. 내 의식이 너무나 중요하구나 하는 생각을 했다. 불행, 우울, 괴로움의 주제였던 작품들이 이제는 희망, 기쁨, 행복이 주제가 되고 점차 유머도 조금씩 보이기 시작했다.

나는 나만의 독창적인 생각을 가지고 나의 일상에서 경험되는 감정들

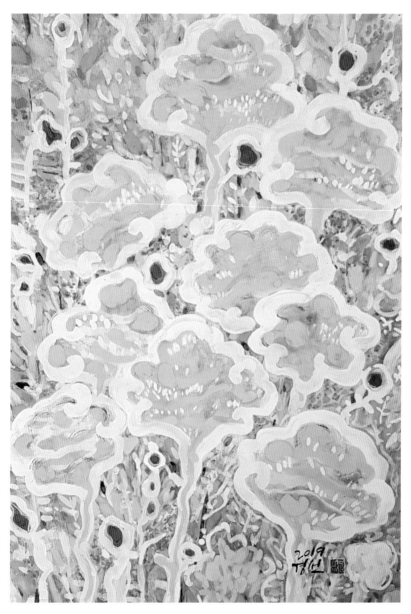

씨앗 꽃 | 35×50cm | 장지 분채 | 2019

함께하니 좋다 | 15×17cm | 도자기 〈수반〉 | 2016

함께 | 24×10cm | 도자기〈주전자세트〉 | 2016

의 색깔들을 표현한다. 한번 붓을 들면 2개의 작품을 동시에 그리기도 한
다. 종일 작품과 씨름할 때도 있고, 6개월 동안 그리는 작품도 있다. 제
일 빨리 그리는 그림은 먹그림이다. 3분 만에 그리기도 한다. 시간은 중
요하지 않다. 작품의 장르에 따라 완성 시간은 달라진다. 나는 내 마음을
표현할 수 있는 그림을 그린다. 내가 화가라는 게 너무 대견하고 자랑스
럽다.

　마음이 울적하거나 슬플 때 그림을 그렸고, 화가 나면 만다라 그림을
그렸다. 만다라를 2시간 동안 그리고 나면 신기하게 마음이 평온해지는
느낌을 받는다. 내겐 만다라 그림책도 있다. 만다라 그림을 그리지 않을
땐 그림책을 보며 위안을 받았다. 심난하면 글씨를 썼다. 좋아하는 단어
나 좋은 글, 문장 등을 쓰고 나면 마음이 편안해지면서 안정을 찾곤 했
다. 힘들 땐 흙을 만졌다. 도자기 흙을 잔뜩 사다 놓고 손으로 주물주물
해서 그릇도 만들고 작은 소품들도 만들었다. 흙이 주는 심리적인 안정
은 너무나 크다. 기분이 좋을 땐 흙이 촉촉하고 쫀득한 느낌이 들다가도
기분이 안 좋거나 몸이 아플 땐 흙을 만지면 기분이 나쁘다. 더럽다는 생
각도 들 때가 있었다. 내 방에는 한국화 평면 작품도 있지만 조물조물 만
들었던 작은 도자기 소품도 많다. 내가 만들었던 것들이 가득한 작업실
은 나의 쉼터였다.

　요즘은 작업실에 있는 모든 것들이 사랑스럽다. 아프기 전에는 지저분

하게 보이기도 하고 버리고 싶을 때도 많았다. 내가 노력해서 만든 것들이 그렇게 달리 보인다는 게 참 신기하다. 멈추니까 그 가치가 보이기 시작했다.

호사다마(好事多魔)라고 했던가. 좋은 일에는 항상 마가 꼬인다. 즉 좋은 일에는 방해되는 것이 많다는 뜻이다. 2016년부터는 과거의 아픈 상처와 작별하고 여행하며 행복하게 살게 되나 했는데, 2018년 불행이 또 찾아왔다. 암 판정을 받고 휴직을 했던 시간이었다.

'몸이 부서져라 바쁘게 살면 힘들었던 지난 시간들을 잊으며 살 수 있겠지.'라고 생각했다. 휴식이라는 것을 모른 채 나는 일만 했다. 평일을 바쁘게 지내고 주말이 되면 그렇게 우울하고 아팠던 이유가 바로 '쉼'을 모르고 일만 했던 잘못된 삶이었던 것이다. 잘못된 생각과 삶들이 모여 병을 얻은 것이다. 내 마음 속 세상들이 모두 멈추었다. 멈추니까 보이는 게 있다. 내가 보였다. 내 인생이 이제야 보인다. 그동안 고생한 나를 꼬옥 안아본다.

부엉이가족 | 10cm | 도자기 〈소품〉 | 2016

부엉이 가족은 서로가 함께 있고 싶어했다.
세 마리 새끼들과 함께하고 싶은 엄마의 마음이다.

4
나는 철들지 않고 소녀로 살아가고 싶다

수업을 마치고 교무실 문을 여는 순간 창밖으로 함박눈이 펑펑 내리는 게 보였다. 이거 실화냐? '와~ 눈이 온다. 엄청 오네~. 와~ 너무너무 예쁘다.' 감탄사를 뿜어내며 환하게 웃고 창밖을 쳐다 보고 있으니까 동료 교사가 "서샘, 아직 소녀네~. 눈이 그렇게 좋아요? 운전할 걱정이나 하시지." 나는 그 말이 귀에 들리지 않았다. 바로 밖으로 나가서 화단의 나무를 보니 금세 눈이 소복히 쌓였다. 나는 손으로 눈을 꼭꼭 쥐면서 뭉쳐 보았다. 찰떡처럼 잘 뭉쳐진 눈으로 작은 눈사람 2개를 만들었다. 나뭇가지에 눈사람을 올려놓고 한참을 보는데 옆을 지나가는 학생이 나한테 말을 한다. "샘~ 소녀 같애요~."라고 한다(웃음).

하늘을 쳐다보았다. 한 송이 한 송이 내 뺨 위로 떨어지는 느낌이 솜사탕 같다.

나는 눈이 오면 기분이 좋다. 부모님 댁에 갔을 때도 눈이 많이 온 적이 있었다. 너무 기분이 좋아서 썰매 탈 준비를 했다. 눈썰매는 비료 포대가 안성맞춤이다. 적당히 두껍고 튼튼하다. 비료 포대 안에 볏짚을 넣고 푹신하게 만든 뒤 포대가 터지지 않게 앞을 꽉 잡아야 한다. 그리고 눈 위를 미끄러지듯 썰매를 타면 된다. 쭈욱 가속도가 붙고 내려가는데 목청껏 소리를 질러 본다. "야~~!" 나는 소녀가 되었다.

나는 예술을 하는 사람이라 그런지 나는 대상을 볼 때 다르게 생각을 많이 한다. 감수성이 좀 남다른 것 같다. 그것이 무생물이든 생물이든 상관이 없다. 나에게는 모두 생명이 있는 존재처럼 보인다. 한때는 소녀 같다는 말을 곡해했었다. '순진하고 바보 같다'는 생각이 들었다. 지금도 소녀 같다고 하면 살짝 기분이 나쁘다. '소녀 같다'는 말끝에는 곧바로 '너무 감상적이다. 현실적이지 못하다.'라는 말을 듣기 때문이다. 어릴 때부터 나는 그릇을 잘 깼다. 물건들을 쉽게 망가뜨리는 재주(?)가 있었다. 이런 재주가 있어서 내가 그림을 한 게 아닌가 하는 생각도 든다.

덜렁대고, 말괄량이 같고, 엉뚱하고, 상상력을 발휘하면서 살면 좋을 것 같다. 남에게 피해만 주지 않는다면 얼마든지 그렇게 살아도 좋지 않을까?

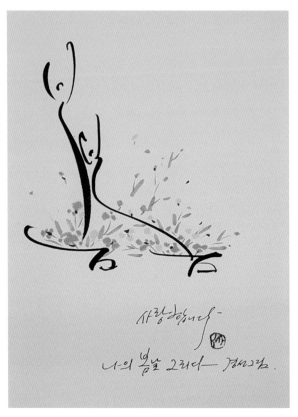

봄날 | 20×30cm | 종이 붓펜 | 2020

어느 4월 연분홍색들이 부끄러운 듯 살며시 얼굴을 내민다. 진달래꽃이다. 며칠 전에는 아무 소식이 없더니만 오늘부터 보이기 시작했다. 진달래꽃은 산책하는 나를 반겨주었다. '와~ 어느새 피었네~. 넘 이쁘다.' 감상도 잠시 나는 진달래 화전(꽃전)을 해 먹을 생각으로 연하고 활짝 핀 꽃을 땄다. 꽃잎이 상할까 조심조심 손안에 살포시 감싸면서 내려왔다.

진달래꽃을 깨끗하게 씻고 준비해놓은 찹쌀로 진달래 꽃전을 만들었다. 찹쌀을 새알처럼 만들고 동그랗게 부치고 그 위에 꽃을 놓으면 요리는 끝이다.

봄이 오면 산에 들에 진달래 피네 / 진달래 피는 곳에 내 마음도 피어…

나는 흥얼흥얼 노래를 부르며 요리를 했다. 꽃 한 송이는 귀에다 꽂고 한 송이씩 동그랗게 꽃전이 완성되었다. 다 만들어진 진달래 꽃전을 예쁜 접시에 담았다. 접시 빙 둘러 꽃전을 가지런하게 놓고 중앙에는 꽃을 수북히 올려놓았다. 너무 예쁘다. 이렇게 예쁠 수가 있을까? 기분이 너무 좋았다. 화사한 봄이 내 주방으로 들어왔다. 예쁜 꽃전 사진을 지인들과 공유하고 싶어 여기저기 보냈다. '카톡카톡' 문자 오는 소리가 연달아 들린다. 확인해보니 "할 일도 없다, 꽃전 할 생각을 다 하고. 그래도 이쁘긴 이쁘다." 친구의 답글이 나에게 웃음을 주었다. 나는 요리를 잘하지는 못하지만 재미있는 요리는 가끔 해 먹곤 한다. 지인들의 댓글로 또 한 번 웃었다.

아이들은 모든 일들을 스토리텔링을 하며 논다. 스토리텔링은 스토리+텔링(telling)의 합성어로 '이야기하다'라는 의미이다. 나는 꽃을 보며 좋은 감정을 표현하고 꽃전이 완성되기까지 이야기를 적어 카톡으로 지인들에게 보냈다. 이런 과정이 너무 좋다. 소소한 일상이지만 나는 크게 감동하고 느낀다. 재미있는 상상을 하면서 일상을 특별하게 만들어갔다.

나는 봄이 참 좋다. 아니 너무 좋다. 에너지가 마구 솟는다. 자연의 위대함을 놓치지 않고 봄이 되면 수많은 이름 모를 꽃들을 보기 위해 산과 들로 나들이를 한다. 죽은 듯 보이는 숲에 새순이 돋아나고 있다. 난 연녹색을 너무 좋아한다. 너무나 황홀하다. 무채색의 나무 그림에 연녹색 잎 하나만 그려도 봄이 확 느껴진다. 봄은 신의 선물 같다는 생각을 해본다. 키가 작아 서서 보기엔 보이지 않는 꽃들은 땅에 얼굴을 대고 본다. 그때 내 눈에 들어오는 조그만 꽃들! 미칠 것 같다. 어떻게 하면 저렇게 예쁠 수가 있을까?

"자세히 보아야 예쁘다 / 오래 보아야 사랑스럽다 / 너도 그렇다."

나태주 시인의 「풀꽃」이다. 많은 사람들이 사랑하는 시(詩)다. 나도 이 시를 너무나 좋아한다. 누구나 이해하기 쉬운 시, 작가는 졸렬하다고 표현한다. 참 겸손한 분이다. 산을 가볍게 산책하다가 봄의 전령사처럼 점으로 보이는 꽃들은 자세히 보아야 보인다. 아주 가까이 다가가야만 자신의 모습을 드러낸다. 좋아하는 시를 필사하고 선물을 했다. 어느 날 시를 쓰는데 갑자기 마지막에 '너도 그렇다.'라는 한 줄이 나를 울게 만들었다. 한참을 펑펑 울었다. '그래~, 나도 참 이쁘고 사랑스럽지.' 수많은 꽃들만 이쁜 줄 알고 지냈는데 정작 나의 소중함과 아름다움을 알지 못한 바보였다.

화초 가꾸기를 좋아하는 나는 거실 한쪽에 '선이의 정원'을 만들었다. 화초들을 내가 만든 화분에 심어 자태가 돋보이게 키운다. 화초와 소품이 함께 어우러진 '선이의 정원'에서 난 매일 이야기를 한다. '잘 잤니?', '오늘은 해가 참 좋다. 따뜻하지?' 도자기 소품 인형들은 꼭 사람 같다. 아니 천사 같다. 서로를 지켜주는 수호천사 같다. 기념촬영도 가끔씩 해주고 잘 나온 게 있으면 친구들과 공유도 하고, 어린아이처럼 인형을 가지고 한참을 화초 앞에서 논다. 참 재미있다. 출근할 때면 '집 잘 지키고 있어라.' 하면서 매일 나와 대화를 한다.

벵갈 고무나무에 새잎이 나올 때면 얼마나 예쁜지 모른다. 얇은 잎을 살짝 밀면서 나오는 여린 잎! 반짝거리며 모습을 드러내는 벵갈 고무나무 새끼잎들. '반갑다. 애기야~.' 나는 새 잎을 보면서 인사했다. 너무나 사랑스러운 친구들이다. 오늘도 마지막 겨울 햇살을 맞으며 새 잎이 탄생했다. 만지기가 겁난다. 나에게 또 하나의 행복을 선물해준 우리 집 화초들에게 감사 인사를 한다.

집에서 키우는 식물들도 주인의 사랑을 먹고 자라는 것 같다. 너무 과하지도 너무 부족하지도 않게 키워야 잘 자란다. 시들고 있는 식물에게 물만 주면 어떻게 되겠는가? 부족한 게 무엇인지 자세히 보고 관찰한 후 합당한 영양분을 줘야 한다. 다행히 내가 키우고 있는 식물들은 푸른빛을 자랑하고 있다. 나는 내가 키우는 화초들을 보면 서로를 의지하면서 매일 자기네끼리 많은 대화를 나누는 것 같다. '선이의 정원'에서 나는 매일 이렇게 논다.

나이를 많이 먹고 할머니가 되어도 나는 봄을 그릴 것이다. 그림 그리고 글씨 쓰면서 자연의 아름다움에 감동하며 평생 소녀로 살아갈 것이다. 반짝이는 아이디어, 세상에 대한 호기심을 키우며 내 인생 가장 어린 나이로 사는 나를 상상한다.

피카소는 이런 말을 했다.

"라파엘처럼 그리기 위해 4년이 걸렸지만, 어린아이처럼 그리기 위해서는 평생을 바쳤다."

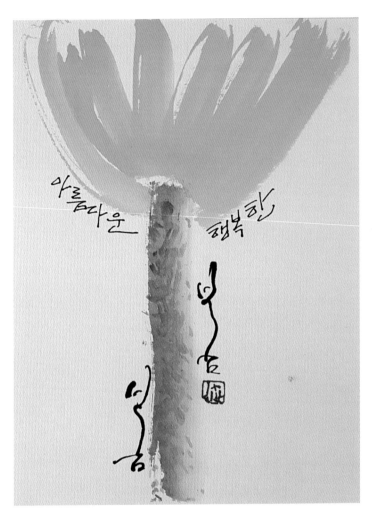

나의 봄 | 10×15cm | 두방지 붓펜 | 2016

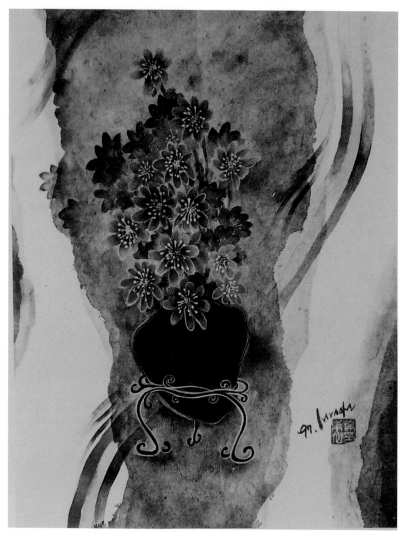

한줄기 희망 | 35×45cm | 장지 채색 | 1997

잎 모양이 노루의 귀를 닮았다는 노루귀 꽃을 화병에 담았다.
힘든 시절 한 줄기 희망이 무지개가 되어 나의 심장을 휘감는다.

5
나의 병(病)은 내가 만든 것이다

아프기 전의 일이다. 나는 술을 좋아했다. 아니 술을 먹을 줄 아는 사람과 함께하는 시간이 좋았다. 기분 나쁘고 슬플 땐 술을 마시지 말자고 나름의 규칙을 정해놓고 생활을 하기도 했다. 지인들과의 모임에서 술이 빠질 수 없었다. 지글지글 불판에서 삼겹살이 맛있게 익어가는 소리에 술잔을 기울이는 그 분위기에 나는 벌써 취했다. '꼴꼴꼴' 소리를 내며 첫잔에 부어지는 술. 정말 기분 좋은 소리다. 그 소리가 너무 좋아 첫잔을 좋아한다.

술을 마시다 취기가 도는 느낌이 들었다. 나는 지인들과 헤어지고 택시를 타고 집에 가는데 그다음부터는 기억이 나지 않는다. 아무것도 생각이 나지 않는다. 머리가 깨질 듯 아팠다. 간신히 몸을 일으켜 세우는데 내 앞에 펼쳐진 광경이 믿기지 않았다. 내 발은 현관에 있었고 신발도 신은 상태 그대로였다. 몸은 그대로 앞으로 엎어진 채로 내 안에서 쏟아낸 것들의 흔적은 눈 뜨고는 볼 수 없었다. 아연실색 그 자체였다.

시큼한 어제의 먹거리들이 얼굴에 묻고 머리카락에 묻어 있었다. 진상은 이런 것을 두고 하는 말이었다. 얼른 몸을 추스르고 화장실로 들어가서 샤워를 했다. 토요일 아침을 정신없이 보내고 나니 속이 쓰리고 머리는 깨질 듯 아팠다. 숙취가 너무 심했다. 시간이 지나도 몸이 무겁기만 했다. 나는 술을 자주 먹지는 않아도 한번 먹으면 과음을 했다.

이혼 후 나는 새로운 환경이 너무 낯설었다. 필요악이라고 하며 불행한 결혼생활을 참으라고만 했던 남편. 나는 밑 빠진 독에 물 붓듯 내가 힘들게 번 돈으로 남편 노름빚 갚느라 2, 30대의 내 청춘을 생기없이 보냈다. 울고 또 울고 나는 이 집안에 시집 와서 죽도록 일만 하고 끊어질 듯, 끊어질 듯한 삶의 끈을 간신히 잡고 살았다. 불행한 시간들, 부정적인 사고들이 집중되었던 결혼생활! 그 끈을 용기내어 자르고 새로운 세상으로 나왔다.

나는 불행했던 결혼이라는 큰 산을 내려왔다. 그러나 쉼도 잠시, 그 보다 더 큰 산이 내 앞에 있었다. 새로운 세상에 나 혼자 있었다. 옷이 발가

벗겨진 채로 축축한 지하실에 던져진 기분이었다. 세상 사람들의 눈빛이 싫었다. 삼삼오오 모이기만 하면 내 이야기를 하는 것 같았다. '이혼녀'라는 소리가 너무나 듣기 싫었다. 말하기도 싫었다. 삶의 위기를 극복하기 위한 긍정의 삶을 모른 채 나는 술에 의지했다.

영화의 한 장면처럼 아무도 없는 방에서 혼술도 해보았다. 달빛을 벗삼아 나 혼자 신세한탄하며 술을 마셨다. 슬픔과 절망감을 끌어안고 술을 마셨다. '엄마, 엄마' 하며 딸들의 목소리가 들린다. 딸들이 너무 보고 싶었다. 불쌍한 딸들을 생각하면서 울다 지쳐서 잠이 들 때가 한두 번이 아니었다. '나는 패배자야.', '더 이상 나에게는 희망이 없어.'라는 생각으로 정신줄 놓는 하루하루가 쌓여갔다.

"이혼에도 '애도 기간'이 있다. 또한 자책감과 죄책감에 사로잡히게 되고 '상대방에게서 전화가 오거나 찾아오는 것은 아닐까.'라는 긴장 상태에서 노크 소리와 전화 소리에 깜짝깜짝 놀란다. 애도 기간이 지나면 고독기가 찾아온다. 한마디로 외로운 시기다. 길에서 화목해 보이는 부부와 아이들을 보며 부러워한다."(이하 생략)

- 헬스경향 2016. 2.

난 이혼 후 생각으로, 언어로, 신체적인 공격으로 내 마음을 찌르기 시작했다. '이제 나는 남편이 없는 여자야. 세상 사람들이 나를 이상하게 쳐다본다. 나를 함부로 할 거야.' 혼잣말로 나 자신을 철저하게 세상과 고립시켰다. 지옥 같았던 결혼을 견디지 못해 이혼했는데 그 이혼생활은 결혼생활보다 더욱 험난했다. 모든 것들이 이제는 내 몸을 향해서 창을 겨누고 나를 찌르기 시작했다.

이혼하기까지는 정말 신중해야 한다. 그러나 이혼하고 나서는 결혼생활에 대한 장례를 치러야 한다. 그리고는 잊어야 한다. 뒤돌아보지 말고 앞만 보고 가야 한다. 애도 기간 없이 인생을 살면 과거와 현재가 뒤섞여 혼돈의 삶을 살게 되는 것이다. 내 몸은 한계가 있다. 그런 생활을 감당할 수 없어 병(病)을 얻었다.

시내를 돌아다녔다. 마음에 드는 옷가게 앞에 서서 가게 안을 바라보고 있었다. 그때 문을 열고 "고객님. 안으로 들어오셔서 구경하세요."라고 웃으면서 직원이 나에게 말을 건넨다. 나는 낯선 매장 안에 발을 조심스럽게 내디뎠다. 예쁜 옷들이 너무 많았다. 난 마음에 드는 옷을 "저 ~ 이 옷 입어 봐도 되나요?" 조심스럽게 말했다. 힘들게 살던 어느 날 시장에 간 적이 있었다. 지나가다 마음에 드는 옷이 있어서 직원에게 나는 "저 이 옷 좀 입어 볼 수 있을까요?"했더니 직원은 "손님에게는 안 어울려요." 일언지하에 거절당했던 적이 있었다. 행색이 초라해 보였는지 옷을 팔기 싫었던 것 같다.

내 옷 살 돈 만 원도 없어서 얻어 입고, 수선해서 입고 다녔다. 한 달 용돈 5만 원으로 생활하던 나였는데, 이제는 내가 번 월급을 몽땅 다 써도 누가 뭐라 할 사람이 없었다. 친정 부모님께도 아낌없이 드렸다. 그동안 못했던 효도를 했다. 비싼 코트도 사드리고, 용돈도 많이 드렸다. 집을 짓는 데 큰돈이 필요하신 부모님께 난 대출을 해서 돈을 빌려 드리기도 했다. '난 돈을 버는 사람이야.', '매달 월급이 나오니까 나는 살 수 있어.'라고 생각하며 돈쓰는 재미에 푹 빠져 살았다.

꼭 필요해서 물건을 구입하는 건강한 소비 습관이 아닌 충동적으로 쇼핑을 하기 시작했다. 월급을 받으면 3일도 안 되어 바닥이 났다. 퇴근하고 나면 바로 집으로 가지 않았다. 시내로 출근했다. 새로 구입한 많은 물건들이 양손에 가득하다. 그렇게 신나게 물건을 사고 나면 안정이 되었다. 나는 쇼핑 중독에 걸렸다. 우울하고 공허하고 불안한 마음을 달래기 위해 쇼핑을 했는데 또 하나, 쇼핑병이 나한테 찾아왔던 것이다.

월급날 내 통장에 돈 액수가 찍혀 있는 것을 보고 감격의 눈물을 흘렸던 기억이 났다. '이 돈이 모두 내 것이다!' 하는 생각으로 돈을 아무 생각 없이 쓰기 시작했다. 억눌려 있던 돈 씀씀이가 폭발했던 것이다. 월급이 바닥나면 카드로 3개월, 6개월씩 할부로 물건을 샀다. 조금씩 빚이 늘어갔다. '이렇게 살면 안 돼.' 하면서 '저축하고 남은 금액으로 살자.'는 생각도 했다. 그러나 충동적으로 돈을 사용한 나머지 그 빚은 내가 감당하기 어려운 수준까지 가고야 말았다. 그렇게 돈 때문에 힘든 결혼생활을 하고도 나는 똑같이 빚을 갚느라 힘들어했다. 난 대출해서 쓴 돈을 상환하기 위해 적금을 깨고 갚아 나가는 생활을 반복했다.

난 돈을 몰랐다. 결혼생활 13년 동안 빚 갚느라 내 돈이라고는 한 번도 만져보지도 못한 채 생활했다. 그래서일까? 혼자가 되고 나서 나는 돈을 물 쓰듯 썼다. 나는 경제관념이 1도 없었다. 빚이 늘어나니까 결혼생활을 하면서 돈 때문에 힘들었던 그때의 감정들이 물밀듯 밀려왔다. 우울증이 깊어졌다. 이제는 내가 만든 병 때문에 또 아프기 시작했다. 우울한 감정이 깊어 병원을 다녔다. 허전하고 외로운 마음은 쉽게 에너지를 받지 못했다.

나는 아파서 병원을 자주 다녀야 했다. 불안하고 두근거리는 증세가 오래되다 보니 두통과 변비로 고생을 많이 했다. 또한 삶이 무기력해지고 우울증이 오랫동안 지속되어 살이 보기 좋게 찌는 게 아닌 부종이 되었다. 뚱뚱해지니 더욱 우울해졌다.

신체는 균형이 잡혀야 건강하다. 병(病)은 그 균형이 깨지는 순간 찾아온다. 많은 의사들이 건강함을 유지하는 키워드를 '자율신경', '면역', '영양을 꼽았다. 이 모든 것이 깨진 나는 늘 아프고 아프다가 유방암이라는 큰 병을 얻은 것이다. 암의 원인을 이거다 하고 명명할 수는 없지만 나의 인생을 종합해보니 큰 병이 오는 것은 당연한 결과였다.

나이 들어가면서 어쩔 수 없이 찾아오는 병은 친구처럼 지내면 된다. 그러나 쓰레기 같은 생각으로 내 병을 스스로 만들지는 말아야 한다. 스트레스를 받지 말자. 받는 날이 있으면 버릴 날도 있는 것이다. 버릴 것은 바로 버리고, 에너지로 만들 건 바로 만들자. 적당한 스트레스는 삶에 활력을 주기도 한다. 규칙적인 운동을 생활화해야 한다. 좋은 음식을 섭취하고 몸과 마음이 건강하도록 나를 단련하자. 단순하게 살면서 삶의 면역력을 키워 더욱 건강한 내 몸을 만들자.

내 세상 | 20×30cm | 종이 붓펜 | 2016

6
인생 뭐 있어? 대충 살아도 된다

    시간이 별로 없다. 겨울방학이 들어가기 전까지 방과 후 수업을 할 학생들을 모집해야 했다. 나는 방학 때 미술 분야 과목에 학생들을 충원하기 위해 발이 안 보일 정도로 뛰어다녔다. 최선을 다해 학생들을 모집했다. 평소 미술시간을 통해 학생의 잠재력을 기록해놓았다가 방학 때 더 배울 것을 권유했다. 그런데 희망한 학생들이 자꾸만 취소를 했다. 나는 포기하지 않았다. 끝까지 1:1로 매칭해서 학생들에게 수업을 받을 수 있도록 최선을 다해 모집했다.

    겨울이 지나고 새봄이 오면 시아버님이 환갑을 맞게 되시던 해였다. 난 돈이 필요했다. 시아버지께 환갑 선물을 하고 싶었다. 내 생각에는 가족 모두가 힘들게 지내는데 좋은 마음으로 선물을 해드리고 싶었다. 그래서 그렇게 안간힘을 다해 겨울방학 때 특기적성 수업을 했던 것이다. 수업이 끝나고 나는 강사료를 받을 수 있었다. 이 돈이면 환갑 선물을 살 수 있는 돈이었기 때문에 너무 기뻤다.

예쁘게 포장한 선물을 들고 집으로 오던 길이 얼마나 기뻤는지 모른다. 아들 때문에 힘들어하시는데 기쁘게 해드리고 싶었다. 생신날 나는 시아버지께 절을 하고 미리 준비한 선물을 드렸다. 그 선물은 금반지였다. 그런데 선물을 받고 기뻐하실 줄 알았는데 표정이 심각하시다. 그날 저녁이었다. 갑자기 '탁탁' 망치소리가 들렸다. 나는 '안 좋은 일이 또 생겼구나.'를 직감하고 내 방에서 문을 여는 순간, 너무나 끔찍한 일이 벌어졌다. 시아버지께서 내가 환갑 선물로 드린 금반지를 바닥에 놓고 망치질을 했다. "이거 어디서 났냐? 또 빚냈냐?" 목소리도 크신 분이 소리를 지르시면서 망치질을 계속하시더니 급기야는 반지를 벽쪽으로 던져버리신다. 빚낸 게 아니라고 해도 막무가내로 금반지를 완전히 찌그러뜨리면서 분노하셨다. 나는 너무 속이 상했고, 문 닫고 내 방으로 들어갔다.

열심히 살면 살수록 고통은 더욱 심해졌다. 내가 잘못한 것도 아닌데, 사는 게 너무나 힘들었다. 산더미 같은 빚 갚느라 허리가 휠 지경이었다. 결혼 십년이 넘도록 고생고생하며 사는 며느리한테 어쩜 이럴 수가 있을까? 하는 생각을 했다. 가진 돈은 없었지만 어떻게든 돈을 준비해서 시아버지 환갑선물을 해드리고 싶었다. 그런데 이런 대우를 받다 보니 '내가 지금 왜 이렇게 열심히 살아야만 하지?', '난 전생에 정말 죄를 많이 지어서 벌을 받는구나.' 하는 슬픈 생각을 하게 되었다.

정도의 차이가 있겠지만 대부분의 사람들은 누구에겐가 인정을 받기 위해 자신이 처한 곳에서 최선을 다하고 열심히 살아간다. 내가 선택한 결혼이었기에 누구보다도 잘살고 싶었다. 함께 사는 시부모님에게도 인정받는 좋은 며느리가 되고 싶었다. 한 사람으로 인해 모든 가족 구성원들이 고생하며 지내는데 더욱 허리띠를 졸라매고 열심히 살아야 한다는 생각을 했다. 며느리 가치를 인정해주는 게 그렇게 어려웠을까?

그런데 더욱 중요한 것을 놓치고 있었다. 정작 내가 나를 인정해주지 못하고 있었던 것이다. '잘했어.'라고 응원하고 격려해주는 나는 없었다. '열심히 살면 뭐 하지?' 하는 생각과 깊은 고민을 하기 시작했다.

시어머니와 시누이가 일요일 아침부터 분주하다. 방문을 열어보니 안 입는 옷들을 정리하고 있었다. 버리려는 옷들이 큰 비닐봉지로 2개가 가득 찼다.

"어머님. 이 옷 예쁜데 안 입으실 거예요?"
"아가씨, 비닐에 담겨 있는 것 모두 버리는 거예요?"

나는 시어머니와 시누이가 버리려고 담아놓은 것들은 다시 살펴보았다. 너무나 쓸 만한 옷들이 있었다. 시어머니께서 젊었을 때 입었던 공단 꽃무늬 긴 스커트와 시누이 것은 면으로 된 속바지를 골라놓았다. 이때만 해도 남편의 빚을 갚느라 돈을 주고 내 옷을 사 입을 수가 없었다. 돈 벌어서 빚 청산하는 데 정신이 없었기 때문이었다. 난 시어머니의 꽃무늬 긴 공단스커트를 세탁소에 맡겨서 짧게 수선해서 입었다. 낡은 옷이 었지만 수선하고 보니 새 옷 같은 느낌이었다. 버리면 쓰레기지만 재활용할 때는 뭔가 뿌듯함이 밀려왔다. 그렇게 나는 알뜰하게 살았다.

친정엄마는 솜씨가 좋으셔서 자투리 천을 이용해서 무엇이든 잘 만들어주셨다. '뭐든 버리지 말고 절약해야 잘산다'는 엄마의 뜻에 근면 성실하게 살려고 노렸했다. 절약하고 또 절약하면 잘살 줄 알았다. 그러나 힘들게 번 돈은 밑 빠진 독에 물 붓듯 술술 빠져나갔다.

우리는 부부 교사였고 시부모님이 아이들을 키워주셨다. 감사하며 시부모님을 성심성의껏 모시며 살았다. 한 집에 삼대가 함께 사니 사람들에게는 행복하고 모범적인 가정으로 보였을 것이다. 걱정거리가 없는 가정이 어디 있을까? 생각하면서 열심히 살려고 했다. 그렇게 열심히 사는데도 우리 집 살림은 갈수록 힘들어졌다. 시어머니는 사람들을 무척 좋아했다. 그래서인지 동네 사람들에게 잘 보이고 싶으셨던 것 같다. 1990년대에 누비 한복 35만 원 짜리를 맞춰 입으시고 자랑을 하셨다. 시어머

116

니는 둘 다 버는데 아들 며느리가 선물했다고 하면 너희들 위신도 서고 좋은 게 좋다고 하셨다. 지금도 그 금액은 옷을 구매하기엔 큰 돈이다. 그 옷은 싫증이 날 만하자 며느리인 나에게 입으라고 주셨다. 그러고는 본인은 새로 맞춰 입으셨다. 순종적인 며느리가 아니라 바보 같은 나였다. 이렇게 힘든데도 행복한 척했다. 씩씩한 척했다. 행복한 척하며 사람들을 보면 웃었다. 다른 사람들은 행복해보였다. 나는 잘못도 안 했는데 너무 불행하고 우울한 날이 많아졌다. 학교에서도 학생들에게 화를 자주 내고 짜증도 많이 냈다. 어떤 날은 45분 수업 시간 중에서 학생들을 교육하고 훈계한다는 명분으로 40분이나 소리를 지른 적도 있었다. 그리고 난 미술실에서 쓰러졌다.

우울증이 시작되었다. 주변에서 누가 나에게 '힘들게 사네~.' 하며 살짝만 위로해도 눈물이 왈칵왈칵 쏟아졌다. 정신적으로 무척 피곤해졌고 웃음을 잃어갔다. 나는 자주 화가 났고, 삶의 회의감과 왜 살아야 하는지에 대한 목표를 상실했다. 모든 일을 완벽하게 하려다 보니 내 마음을 살피고 휴식을 취하는 것을 전혀 몰랐다. 강박이 심해졌다. 하루를 마무리하고 울면서 자리에 눕는 날이 얼마나 많았는지 모른다.

휴일에는 대청소하고 나면 이웃집 아줌마들이 우리 집으로 마실 온다. 우리 집은 초인종 소리가 거의 안 들렸다. 늘 열려 있는 집이었으니까 동네 아줌마들도 "계세요?" 하면서 문을 열고 들어온다. 난 주말 휴일도 없었다. 쉬고 싶어도 쉴 수 없는 환경이었다. 난 아줌마들의 간식을 준비해 드리고 휴일 근무를 했다. 이렇게 바쁘게 일만 하는 나와는 달리 남편은 늘 낚시를 가지 않으면 자면서 휴일을 보냈다. 외롭고 고통스러운 결혼 생활이 너무 싫었다. 나는 소처럼 일만 했다. 인정받지도 못하면서 평일 은 학교에서 일하고, 집에서는 쉬는 날 없이 일만 했다. 내 마음도 걱정 거리를 잔뜩 안은 채 정신없이 일만 했다. 쉬는 법도 모른 채….

'열심히 살아야 한다. 성실해야 한다.' 귀에 딱지가 생길 정도로 많이 들었던 말이다. 결혼하면서 인생 최고의 목표는 열심히 빚을 갚고 최선 을 다하는 삶이었다. 타인의 시선이 중요했기에 나의 삶은 중심을 잃었 다. 그렇게 최선을 다하고, 열심히 살았는데 결과는 정말 보잘것없었다. 그렇게 지키고 싶었던 가정은 이혼으로 산산조각이 났다.

다른 사람에게 인정받으려고 열심히 살 필요 없다. 일을 하고 나서 잘 했든 못했든 나를 인정해주면 된다. '잘했어.'라고. 사람들의 반응에 민감 해하지 말자. 세상에 완벽한 사람은 없다. 살다가 실수하면 인정하고, 사 과하고, 일이 잘못되면 다시 하면 된다. 가끔은 쉬엄쉬엄, 대충대충 휴식 을 취하면서 살아야 내가 살 수 있다. 단추 하나 없는 옷도 입을 수 있다.

'인생 뭐 있어? 대충 살자.'

금덩이를 품은 잎 | 20×33cm | 종이 채색 | 2019

7
내 인생 골든 타임은 바로 지금이다

등나무는 땅에서 올라오는 기둥부터 꼬였다. 꼬이고 꼬인 나무를 보니 내 인생하고 너무나 비슷했다. 살아온 인생이 순탄하지 못하고 매사가 꼬인 나를 보는 것 같아 마음이 짠했다. 덩굴손은 따뜻한 햇빛을 쫓아서 한없이 하늘로 하늘로 뻗어 올라간다. 또 다른 덩굴손은 빈 공간에서 허우적대고 있다. 조금 굵은 가지들은 다른 기둥에 의지하며 살을 찌우고 있다. 뱀 한 마리가 올라가는 느낌도 든다. 아직도 추운 봄날이다. 학교 등나무를 관리하시는 분이 전기톱으로 잔가지와 덩굴손들을 자르기 시작했다. "윙~윙~." 등나무 분신들이 툭툭 땅으로 떨어지고 있었다. 남아 있는 가지보다 잘린 가지들이 훨씬 많았다. '나무를 다 죽이려고 하나?'

하면서 걱정이 되는 마음으로 지켜봤다.

따뜻한 봄날이었다. 수업을 마치고 퇴근하려는데 어디서 불어오는지 은은한 향이 내 코끝을 자극한다. 향 따라 발길을 옮겨보니 내 눈 앞에 펼쳐진 연보랏빛 포도송이가 장관이다. 등꽃이다. 이른 봄날에 전기톱에 자신의 많은 가지들을 보낸 등나무가 꽃을 만났다.

'이렇게 탐스러울 수가 있나?'
'커다란 연보랏빛 포도가 주렁주렁 열렸다.'
'가지가 휠 정도로 어마어마한 꽃 덩이가 햇빛을 보며 춤을 춘다.'

나는 학교에 핀 등꽃을 감상하느라 퇴근하는 것도 잊었다. 등나무의 골든 타임은 바로 이른 봄이었다. 수많은 불필요한 가지들을 과감히 전지하는 그 시간! 그저 수많은 꽃들과 같은 평범한 꽃이 되느냐, 독보적인 자태를 뽐내는 꽃이 되느냐는 골든 타임이라는 시간이 있었기에 가능했던 것 같다.

내 인생 골든 타임은 지금이다. 무엇을 망설이고 있는가? 내가 가장 잘하는 게 무엇인가? 할 수 있다는 자신감이 필요하다. 그 무엇보다 가장 중요한 것은 나를 믿어주는 것이다. 시간은 나를 기다려주지 않는다. 오늘이 나의 가장 젊고 예쁜 나이다. 이 시간은 다시는 돌아오지 않는다.

과거의 시간에 얽매여 허우적대던 나는 죽었다. 과거의 나는 죽고 없다. 죽어가는 나를 살리기 위한 골든 타임은 지금이다. 건강한 나를 위해 오늘도 걷는다. 더욱 건강하고 아름다운 몸매를 가꾸기 위해 가슴을 펴고 행복하게 걷는다. 걸으면서 썩은 감정들을 토해낸다. 걸을 수 있는 오늘이 있어 감사하다.

학생들과 체험학습 갔을 때 일이다. 우리 반 학생들과 체험이 끝나고 나는 인원 점검을 마치고 내 자리로 돌아와 앉았다. 그때 옆에 있던 선생님이 "피곤할 텐데, 드세요." 하면서 나에게 분말로 된 비타민C를 주었다. 나는 "고마워요. 잘 먹을께요." 하고 피곤함을 잊기 위해 곧바로 입으로 '톡' 하고 털어넣었다. 그때였다. 목안에서 뭔가 쩍하고 붙는 느낌이 들었다. 나는 숨이 막혔다. 입을 활짝 열고 숨을 있는 힘을 다해 들여 마시고 내쉬고 해보았지만 내 환기통은 꿈쩍도 하지 않았다.

기도가 막혀 나는 호흡이 안 되는 상태까지 왔다. 쌕쌕 소리만 들리고 몸을 앞으로 숙인 채 나는 얼굴이 파랗게 변해갔다. 분말이 기도를 막은 것이다. 숨을 쉬지 못하는 건 공포 그 자체였다. 옆에 있던 선생님은 내 등만 두드리고 있었다. 점점 나는 정신이 혼미해졌다. 내 상태를 직감한 운전기사님은 운전석을 박차고 내 자리로 오더니 곧바로 내 뒤에서 복부밀침(하임리히법) 응급처치를 실시했다. 기도가 열릴 때까지 했다. 얼마나 시간이 지났을까? 나는 내 가슴 안에서 뭔가가 시원함이 느껴졌다.

기도가 열린 것이다. 살았다는 안도감에 눈물이 났다. 한참을 말을 못했다. 기도가 타들어가는 따가움이 있었다. 그래서였을까, 운전기사님께 인사도 제대로 못 하고 나는 의자에 기댄 채 눈을 감고만 있었다. 나는 생사의 갈림길에 섰던 체험학습 날을 기억한다. 운전기사님의 응급처치가 정확하게 실시되지 않았다면 나는 지금 이곳에 없었을 것이다.

나의 생명을 살릴 수 있었던 골든 타임의 중요성을 뼈저리게 느꼈던 날이기도 했다. 내 옆에서 내 상황을 잘 알지 못하면 응급처치를 할 수 없다. 상태를 정확하게 판단하고 처방을 해야만 생명을 구할 수 있다. 잘못 판단해서 다른 방법으로 처치를 했다면 심각한 상황까지 올 수 있었다. 또한 분말로 된 음식을 섭취할 땐 반드시 혀끝에서 살살 녹이면서 먹어야 한다는 섭취 요령도 습득할 수 있었다. 나는 이날 이후 가루가 무서웠다. 이제는 쳐다보지도 않고 먹지도 않는다(웃음).

갱년기를 보내고 있는 나는 내가 가지고 있는 능력 중에서 으뜸을 꼽는다면 단연코 건강이라 말할 수 있다. 건강을 관리하는 능력이 바로 진짜 능력인 것 같다. 암이라는 큰 병을 앓고 난 뒤의 난, 내 인생을 살리기 위한 골든 타임은 운동으로 내 몸 챙기기가 답이라는 생각을 했다. 문제는 내 몸이 기억하도록 습관을 만드는 것이다. 이제까지 꾸준히 운동하는 습관이 없었던 나는 이제는 뒤로 물러날 곳이 없었다.

아파트 단지 주변에 산책 코스가 잘 되어 있어서 늘 애용한다. 나는 현관문을 열고 운동하기 위한 사투가 시작되었다. 이 세상에서 가장 먼 거리가 내 방에서 현관까지라고 스스로 한계를 만들어놓았던 지난 시간이 부끄럽다. 운동하는 시간은 돈 주고는 절대 못 사는 건강을 선물 받는 것이다.

'어떻게 삶을 살고 싶으냐고, 무엇을 하고 싶으냐고.' 나에게 물었다. 너덜너덜해진 내 인생 응급처치는 종이에 '버킷리스트를 적고 실천하기'였다. 무엇이든지 시작하는 것이다. 바로 시작하지 않으면 이 시간은 다시 돌아오지 않는다.

첫 줄에 기록한 버킷리스트는 유럽 여행하기였다. 앞 장에서도 언급했지만 난 두려움을 이겨내고 가방 하나에 내 마음을 담아서 떠났다. 유럽으로! 꿈이 현실이 되는 순간이었다. 꿈만 같았던 혼자만의 여행으로 내 인생 고여 있던 썩은 물을 흘려보냈다. 난 유럽 여행이라는 화두로 내 인생의 응급처치를 했다. 여행이 나에게 새로운 인생길의 방향을 틀었다. 죽기 직전에 응급처치를 통해 살아난 나는 새로운 인생을 향하는 첫발을 내딛을 수 있었다.

여행하면서 느낀 네 가지가 있다.

첫 번째는 여행하며 찾은 자신감이다. 여행하면서 생기는 성취감은 내 일상의 풍경을 바꿔놓았다. 내가 본 여행의 풍경들을 화폭에 담고 글을 쓰면서 그림책이 완성되었다. 그 그림책을 함께 간 선생님들과 공유하면서 책 쓰기에 대한 자신감이 처음으로 생겼다.

두 번째는 시야가 넓어진다. 여행을 피상적이고 보수적으로만 생각했던 나에게 다른 생각을 하게 했다. 무서움과 두려움을 떨쳐버리고 내가 직접 내 눈으로, 내 발로 다른 세상을 보고 왔다. 여행은 설렘이다.

세 번째는 복잡한 생각들이 정리가 된다. 여행은 분명 혼자하는 것보다 함께하면 좋다. 누구와 여행하느냐에 따라 다르겠지만 아름다운 자연과 이색적인 풍경들을 보면서 마음이 정화되고 머릿속이 맑아진다. 머리가 맑아진다는 건 건강을 선물 받는 것이다.

네 번째는 에너지가 생긴다. 무언가를 하고 싶다는 생각과 맞물려 삶의 에너지가 폭발한다. 학교와 집밖에 몰랐던 나에게 새로운 세상이 열리고 내 인생은 파워 엔진으로 바뀌었다. 어디든지 떠나자. 나의 골든 타임은 지금이다.

행운의 꽃 I | 25×25cm | 종이 채색 | 2016

행운의 꽃 Ⅱ | 25×25cm | 종이 채색 | 2016

8
순간순간이 모두 감사하고 소중하다

퇴근길이었다. 유난히 몸이 피곤했다. 주차장으로 가기 위해 계단을 내려오는데 다리 통증이 심상치 않다. 집에 와서도 좀처럼 통증의 기세가 누그러지지 않았다. 찜질을 하면서 잠을 청했는데 잠이 오지 않는다. 통증은 점점 심해졌다. 선잠을 잔 나는 아침이 되어 일어나려는데 몸에 힘이 들어가지 않았다. 몸을 돌려 일으켜 세우는데 '으악' 소리가 저절로 나온다. 너무 아프다. 걸을 수 없다. 몸이 움직이지 않는다. 어제 다리 통증이 악화되어 이제는 한 발도 떼지 못한다. 울음이 터졌다. 벽을 짚고 간신히 섰는데 그 다음이 문제다. 어찌 학교를 가나? 머리가 너무 복잡했다. 왼쪽 무릎을 펼 수도 구부릴 수도 없다. 통증이 너무 심하다. 학교까지 어떻게 운전하고 갔는지 기억이 나지 않는다. 견딜 수 있을 것 같아서 학교에 출근했는데 민폐다. 119 구급차로 나는 병원으로 가야만 했다. 무릎 연골 파열로 나는 입원 치료를 받고서야 퇴원할 수 있었다.

사람이 두 발로 걸을 수 있다는 것이 가장 평범한 일상이다. 내 의지대로 갈 수 있는 두 발에 대해 얼마나 생각해보았는가? '세상은 건강한 사람의 것이구나.' 하는 생각을 절실히 했다. 걸을 수 있다는 것이 얼마나 큰 축복이고 행복인지 새삼 알게 된 119소동이었다. 계단 3칸을 걸어 올라가는 것도 사투를 벌여야만 했다. 공기처럼 당연하게 느끼는 평범함이 이렇게 소중한 것인 줄 미처 깨닫지 못했다. 씩씩하게 걸어가고 있는 동료 교사의 뒷모습을 보며 눈물이 핑 돌았다. 벽에 기댄 채 움직일 수도 없고 밀려오는 통증에 눈물만 흘렸다.

내 의지로 걷지 못했던 나는 병원 치료를 마치고 걸어서 버스를 탈 수 있었다. 버스를 타고 의자에 앉아서 나는 내 무릎을 두 손으로 쓰다듬고 다리도 만지면서 왔다. '감사합니다.'라는 말이 눈물과 함께 나왔다.

1년 동안 미술을 나에게 배운 3학년 학생이 교무실로 들어온다. 내 책상에 졸업앨범을 펴 보이면서 "선생님의 필체로 한 줄 부탁드립니다." 했다. 우선 졸업을 축하한다는 인사를 건넨 나는 붓펜을 들고 잠시 생각에 잠겼다.

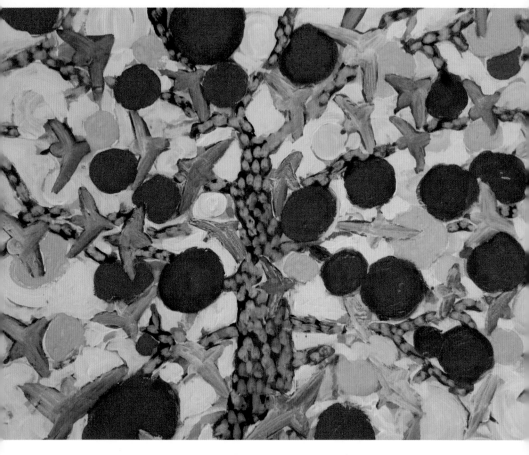

선물 II ┃ 35×45cm ┃ 장지 아크릴 ┃ 2015

2020년 새해가 찾아왔고 졸업을 하는 지금을 생각했다. 복주머니를 그리고 올해가 경자년 쥐띠해니까 귀여운 쥐를 그려주고 복이 마구마구 나오는 그림을 그려주었다. 복주머니 그림 옆에는 "ㅇㅇ야. 최고가 되어라."를 캘리그라피로 써주었다.

열심히 공부한 제자를 생각하면서 써내려간 그림과 글씨는 박수를 받기에 충분했다. 그 학생은 열심히 하는 건 기본이었고 재능 또한 출중했다. 최선을 다하고 즐기면서 수업을 받은 그 학생이 나에겐 최고였다. 나는 감사하다는 말을 건넸다. '네가 있어서 선생님은 행복했다. 너무 고맙다.' 하면서 인사를 했다.

30년 교직 생활을 하면서 늘 지치고 힘들었다. 나는 교사라는 직업이 항상 불편했다. 누군가 "선생님 아니예요?" 하면 난 "아닌데요?"라고 한 적이 많았다. 난 가정도 지키지 못한 사람이야. 내가 무슨 학생들을 지도할 수 있나 하는 무능함과 한심함이 나를 늘 부끄러운 사람으로 만들었다. 이런 자괴감은 암 판정을 받기 전까지 계속되었다. 의식주를 해결해야 하는 단순한 직업의식만을 가지고 나를 괴롭히며 살아왔던 나는 졸업 앨범에 간단한 글귀가 새삼 새롭게 보였다.

'경선아. 너 최고야.'라고 꼭 나에게 하는 말 같았다. 짧은 시간이었지만 자신감 있는 필력으로 졸업하는 학생에게 글과 그림을 그려주는 내 모습을 생각하면서 나에게 감사한 시간이었다. 30년을 한 직장에서 고통스러웠지만 잘 참고 견딘 나에게 응원해준 한 문장이었던 것이다. 갑자기 마음이 짠해지는 순간이었다.

80세를 훌쩍 넘긴 부모님을 뵈러 시골집에 들렀다. 병세가 깊어져 창백한 얼굴, 기운이 없어서 자꾸 잠만 주무시는 엄마, 구부정한 허리로 동물들 밥 챙기는 아버지. 예전에 부모님의 습관이나 행동 등을 고쳐야 한다고 짜증내던 때가 있었다.

"엄마, 힘드신데 주방에 무거운 그릇은 다 치워요."
"엄마, 안 입는 옷들 다 버려요."
"엄마, 예쁜 옷 입으세요."
"아버지, 동물 키우시는 거 힘드시잖아요."
"아버지 토끼하고 염소는 팔고 닭만 키우시면 안 돼요?"

연로하신 부모님께 이거 하지 마세요, 저거 하지 마시고 편하게 사세요, 내가 아프기 전에는 부모님에 대한 원망, 불평불만이 참 많았었다. 또한 아버지한테는 조급함과 엄마한테는 아픈 몸을 물려받았다고 투덜거리고 짜증을 냈다. 부모님과의 시간이 얼마나 남아 있을까? 주름진 엄마 손을 잡고 옛날 어릴 적 얘기도 할 수 있는 이 시간, 얼마나 소중한가? 또 얼마나 감사한가?

아버지께서는 닭장에서 알을 찾아 바구니에 담아서 나에게 주신다. 따뜻함이 감도는 계란을 받아든 난 너무 기분이 좋았다. 아버지께서 동물들을 키우시는 이 모습, 이 순간, 이 시간이 얼마나 남았을까 생각하면서 부모님이 내 옆에 계시다는 것만으로도 감사할 뿐이다.

TV에서 〈타이타닉〉 영화를 한다. 수십 번을 본 영화이지만 또 처음부터 보게 된다. 주인공인 잭은 아무것도 가진 게 없는 가난한 화가였다. 영화에서 잭의 명대사가 나온다. "필요한 건 다 가졌다. 폐로 마실 수 있는 공기도 있고 그림 그릴 종이도 있다." 가장 행복한 건 어제는 다리 밑에서 잠을 잤지만 지금은 최고의 배에서 당신들과 샴페인을 마시고 있다고 하면서 인생은 축복이고 낭비해선 안 된다고 말을 한다.

"하루하루를 소중히! 매 순간을 소중히!"

나는 휴먼 스토리가 있는 영화를 참 좋아한다. 재난영화이긴 하지만 매번 다시보기를 해서 보는 영화다. 내 마음에 따라 집중되는 대사와 장면이 있는 것 같다. 불행한 과거 속에서 헤어 나오지 못하고 마음이 많이 아플 때는 여주인공인 로즈가 응급상황에서 구조신호용 호루라기를 불던, 악착같이 살아야겠다는 그 장면이 참 인상 깊었다. 죽은 잭과 작별을 하고 잡았던 손을 놓으면서 있는 힘을 다해 불던 호루라기! 그 소리! 살고자 하는 마음, 로즈의 마지막 장면에 꽂혀서 봤던 기억이 난다.

요즘은 가난뱅이 화가가 순간순간을 소중하게 생각하며 선상에서 로즈와 함께 아름다운 시간을 만드는 장면들이 마음에 와닿는다. 하루하루의 소중함과 감사함을 다시 생각하게 하는 장면들이 수를 놓고 있다. 고전 영화지만 배우들의 명품연기와 어우려져 많은 사람들에게 사랑을 받고 있는 작품이다. 여러분들은 어떤 장면이 보이는가?

내 차도 새롭게 보이는 요즘이다. 슬픈 감정과 부정적인 생각들을 쏟아냈던 과거의 내 차 안! 이제는 차 안에서도 많은 행복을 찾는다. 혼자서 노래를 불러도 되고 따뜻한 바람과 햇빛을 느낄 수 있어서 행복하다. 충분히 행복할 수 있었던 나였는데 더 늦기 전에 알게 된 것만 해도 너무 감사하고 행복하다. 아침에 일어나 커피 한잔 마시기 위해 포트에 물 끓이는 소리를 듣는 시간도 행복하다. '보글보글' 물방울이 방울방울 춤추듯 노래한다. 너무 아름답다. 미소가 저절로 나는 아침이다. 주말 아침이 너무나 여유 있다. 소중한 아침을 찾은 나에게 고맙고 감사하다. 소소한 일상에 만족하고 감사하자. 행복은 내 것이다.

선물 I | 35×45cm | 장지 아크릴 | 2016

3
아이들에게는
그들의
인생이 있다

못난이 세 자매 | 10cm | 도자기 소품 | 2016

1
자식 농사로 인생 역전할 생각하지 마라

청주에서 조부모님이랑 함께 살던 막내딸이 대학에 진학을 안 하겠다고 한다는 말을 들었다. '우리 애들은 다 망했구나.'라는 생각이 들었다. 이제 다른 결정을 내려야만 했다. 막내딸에게 말했다. "엄마한테 와서 네가 공부하고 싶은 거 해볼래?" 했더니 막내는 기다렸다는 듯이 흔쾌히 "엄마랑 살래요." 해서 제천으로 왔다. 막내딸하고 함께 살 생각을 하니 하루하루가 들뜨고 행복했다. 17평밖에 되지 않는 작은 아파트였지만 한 칸을 공부방으로 꾸몄다. 책상도 사고 코끼리랑 토끼 그림이 있는 예쁜 이불도 준비했다.

이혼 후 떨어져 산 세월이 길어서 친구들은 "사춘기 애를 데리고 와서 어쩌려고." 하면서 걱정하며 반대했다. 나는 그동안 엄마로서 해주지 못했던 것들을 마음껏 해주고 싶었다. 딸아이 방을 꾸미는 내내 행복했다. 딸과 함께 살면 한 없이 잘해줄 거라고 다짐했다.

우아한 미소로 화답해주고, 손도 꼭 잡고 쇼핑도 하고, 잠도 함께 자고, 딸과 식탁에서 밥도 같이 먹었다. 막내딸은 구운 김 위에 따뜻한 밥을 깔고 그 위에 볶은 김치, 간장, 참기름, 깨소금을 뿌린 후 돌돌 말면 끝인 김치김밥을 통으로 잘 먹었다. 미각이 남다른 막내딸은 주스를 만들어주면 설탕이 덜 들어갔네, 우유 양이 적네 하면서 까칠하고 귀엽게 엄마인 나를 귀찮게 했다. 쇼핑을 함께 할 때도 주변 사람들에게 '내 딸이예요~.' 누가 묻지도 않았는데 난 대답을 하곤 했다. 손을 꼭 잡고 다니기에는 너무 커버렸다. 딸은 키가 너무 커서 손 잡는 대신 팔장을 끼는 게 더 편했다. 얼마나 기다렸던 시간인가! 소소한 일상이 행복하고 감사했다.

함께 산 지 3개월 정도가 지났을까? 힘들어하는 눈치가 보인다. 표정도 밝아지지 않았다. 누구보다도 씩씩하게 잘 지낼 줄 알았는데 적응을 못 하는 것 같아 불안했다. 엄마랑 함께 살면 금방 딸의 표정이 밝아질 줄 알았다. 마음에 들지 않은 부분들이 늘어가면서 잔소리도 함께 늘어갔다. 고등학교를 다니는 막내딸이 귀가를 했다. 외투도 벗지 않은 딸을 앞에 앉혀놓고 나는 딸의 태도에 대해 훈계하기 시작했다.

"딸! 요즘 공부 안 하는 것 같더라."

"열심히 노력하지 않으면 엄마랑 사는 의미가 없잖아."

"대학을 가려고 엄마랑 산다고 한 거 아니었어?"

큰딸, 둘째 딸 두 아이 모두 인문계 고등학교를 진학하지 못한 것이 내심 창피했다. 인문계도 가지 못하는 수준의 아이들이 나의 딸들이라는 게 너무 속상했다.

'부모가 이혼하면 자식들이 모두 탈선하니? 결손가정이라고 해서 자식들이 모두 공부 안 하고 나쁜 길로 빠지니?' 하면서 윽박질렀다. 내 자식들은 어려운 환경이지만 열심히 해줄 거라고 믿었다. 나는 우리 아이들을 다른 집 아이들과 비교하기 시작했다. 동료 교사들의 자녀들은 인문계 고등학교를 진학해서 공부도 잘하고 좋은 대학에 합격했다고 하는 소리를 자주 들었다. 나는 딸들과 비록 떨어져 살았어도 자랑하고 싶었지만 딸들에게 들려오는 소식들은 늘 적응하지 못한다는 소리만 내 귀에 들렸다.

좌측부터 막내딸, 큰딸, 작은딸을 생각하며 만든 까망까망 못난이 세자매다. 언니들이 늘 외모만 가꾼다고 못마땅해하는 막내딸, 늘 자기 자신이 최고로 이쁘다고 생각하는 큰딸, 둘째 딸은 겁이 많은 모습으로 표현했다.

TV 드라마 〈동백꽃 필 무렵〉을 시청한 적이 있었다. 동백이의 아들 필구가 8살이 되면서 아빠를 알게 되었다. 그때 아빠는 아들과 함께 살게 되는데 아들에게 방을 보여주면서 "방이 마음에 드니?", "8살짜리 아들이 처음이어서 용돈은 얼마나 줘야 하는지 모르겠다." 필구 아빠는 2만 원을 조심스럽게 아들 눈치를 보면서 책상 위에 올려놓는 장면이 생각이 난다. 8년 동안 아들이 있었다는 것조차 알지 못했는데 그 아들과 함께 지낼 생각에 이것저것 준비하고 일상에 대한 고민도 많이 하는 아빠의 모습이 꼭 내 모습 같았다.

나는 막내딸과 7살까지 함께 살았다. 초등학교에 입학하기 전에 헤어지고 10년이 지난 지금 여고생이 되어 다시 내 곁으로 온 막내딸! 너무 반가웠다. 그런 좋은 마음도 잠시, 사춘기를 겪는 딸과의 소통이 매우 어려웠다. 7살 어린 딸과 헤어져 지낸 후 자주 만나긴 했어도 10년의 공백은 모녀간에 벽을 만들었던 것이다. 소통이 어려워지는 건 어찌 생각하면 당연한 게 아닐까?

막내딸이 엄마 옆으로 오게 된 가장 큰 마음이 무엇이었을까? 공부해서 대학도 진학하고 싶었겠지만 집에 들어오면 엄마가 있는 집을 그리워하지 않았을까 생각했다. 어느 날 딸아이 책상 위를 청소하다 보니 연습장에 그린 그림 한 컷이 눈에 띄었다. 깜깜한 현관문 그림이 있고 그 끝에 '엄마가 있다.'라고 조그맣고 약간 소심하게 쓴 글씨가 보였다. 갑자기 심쿵해지는 기분이었다. '막내딸이 집에 오면 엄마가 있어서 좋았구나~.' 엄마랑 떨어져 살면서 엄마를 얼마나 그리워했을까. 보고 싶은 엄마를 생각하면서 그 허전한 마음을 표현한 것 같아 그림을 보는 순간 눈물이 왈칵 쏟아졌다. 또 얼마나 울었을까? 눈이 뜨겁고 무거웠다. 욕실에 들어가 찬 물로 세수를 했다. 마음이 진정이 된 후 하교하는 막내딸과 전화통화를 했다.

"막내딸! 뭐 먹고 싶니?"
"오늘은 애기국수 먹고 싶어."
"응."

참기름과 깨소금을 넣어 비빈 애기국수를 먹고 싶다고 한다. 17살짜리 여고생이 안 매운 국수를 먹고 싶다고 하는 소리에 가슴이 먹먹해졌다. 집에 온 딸은 10년 만에 엄마가 직접 해준 애기국수를 먹었다. '음~, 이 맛이야.' 하면서 몸을 흔들며 맛있게 먹는 딸아이를 보며 나도 행복했다. 막내딸은 맛있는 음식을 해주면 몸을 흔든다. 너무 예쁘고 사랑스럽다.

큰딸과 둘째 딸이 인문계 고등학교도 진학 못 하고 대학에도 뜻이 없는 것에 너무나 한심하고 미운 감정마저 들었다. 특성화 고등학교에 뜻이 있어 진학을 했다면 부모인 입장에서도 이해했을 것이다. 그렇지만 우리 두 딸은 공부에는 전혀 관심이 없었다. 멋 부리고 외모만 가꾸고 친구들과 노는 것에만 집중했다. 난 시간을 내어 딸들과 만나면서 누누이 당부했다. 놀지만 말고 미래를 준비해야 한다고, 열심히 하면 진로가 보일 거라고 했지만 '쇠귀에 경 읽기'였다. 내 딸들은 독서는커녕 모든 게 머릿속에 있다며 고3 때까지 놀았다. 둘째 딸이 성인이 된 어느 날 나에게 이런 말을 한다.

"엄마, 학창 시절에 후회가 되는 일이 있어요." 했다.
"그래? 그게 뭔데?"
"중고등학교 때 제대로 더 놀지 못한 게 후회가 돼요."

난 당연히 '공부를 열심히 할 걸.'이라고 말할 줄 알았는데, 어설프게 놀았다며 제대로 더 놀았어야 한다고 했다. 둘째 딸 다운 발상이었다. 엉뚱한 게 엄마인 나를 닮은 듯도 하다(웃음).

결손가정이었지만 세 딸들은 열심히 공부하고 자신의 진로를 혼자서 터득하며 좋은 대학에 진학했다는 얘기를 듣고 싶었다. 정말 간절히 원했다. 어느 가정이든 자식 문제없는 가정이 없겠지만 나는 딸들이 엄마 없이도 공부에 집중하면서 잘 자라주길 바랐다. 눈먼 부모 욕심이 아닐 수 없었다. 어떤 이유가 되었든 부모가 이혼을 하면 가장 큰 피해자는 자녀들이다. 난 그것도 인지하지 못한 채 '악조건이어도 무조건 견디어라. 열심히 공부해서 성공해라.' 하고 딸들에게 강요만을 했던 것 같다. 외모만 가꾸는 큰딸, 놀기만 좋아하는 둘째 딸, 공부를 포기한다는 막내딸의 깊은 상처를 보듬어주지 못하고 무조건 잘해야 한다고만 했다. 난 아이들에게 조차 꼰대였다. 난 부모로서 책임을 다하지 않은 채 아이들에게서 보상만 받으려고 했던 어리석고 한심한 엄마였다.

나는 이혼녀라는 주홍글씨 딱지를 자식들이 떼어주었으면 했다. 떨어져 지내면서 아이들에게 끊임없이 '공부해라, 독서 많이 해라. 그래야 미래가 보장된다.'라고 자식을 위하는 것처럼 훈계했다. 부모의 책임을 다하지 못했는데 아이들이 어찌 잘 클 수 있을까? 자식에 대한 욕심을 버릴 때 아이들은 잘 자란다. 자식은 절대로 부모의 욕심을 채우는 소유물이 아니다. 귀한 인격체로 대우를 해줘야 할 것이다. 부모가 바라고 원하는 일을 강요하지 말자. 자식은 부모의 체면용이 아니다. 건강하게 자라준 것만으로도 감사하자.

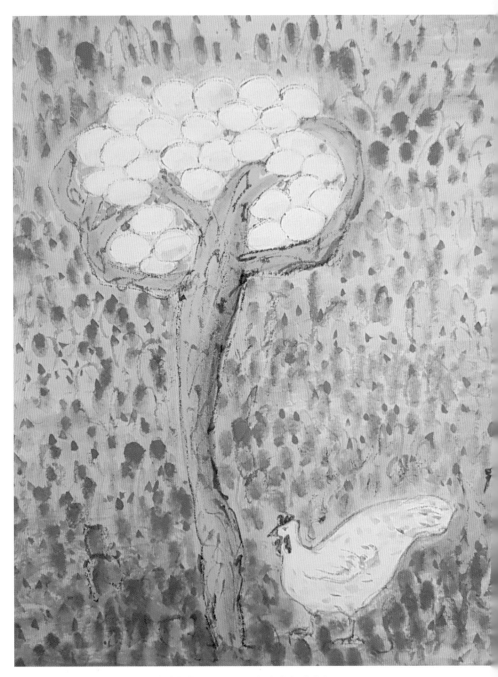

자식걱정 | 30×34cm | 화선지 채색 | 2018

2
자식의 인생에 절대 간섭하지 마라

둘째 딸이 고등학교를 졸업할 무렵이다. 딸의 팔을 보는 순간 심장이 덜컥 내려앉았다. 가늘고 긴 팔에, 깨끗하고 예쁜 팔에 타투를 한 것이다. 그것도 해골 문양이다! 너무나 놀라고 충격을 받은 나머지 말문이 막혔다.

"이게 뭐야?"
"미쳤구나~ 미쳤어."
"깨끗한 팔에 해골 문신이 뭐냐?"

둘째 딸은 어른 숟가락만 한 크기의 해골 문신을 한 쪽 팔에 시커멓게 한 것이다. 아주 작게 했다면 멋으로 이해를 했을 텐데, 절대로 이해불가의 행동에 분노를 느꼈다. 딸의 팔을 부여잡고 나는 딸과 약속을 했다. 딸은 "앞으로는 절대 안 할게요."라고 말을 하는데도 불안한 마음은 쉽게 가시지 않았다. 아니나 다를까, 또 다시 문신을 하고 왔다.

이번엔 해골 주변에 장미꽃이다. 나는 그 팔의 문신을 보는 순간 경악을 금치 못했다. 손목까지 장미꽃이 한가득이다. 나는 보자마자 격하게 "엄마랑 한 약속을 어겨?" 하면서 "이거 미쳤구나?" 하면서 집을 나가라고 했다. 살이 벌벌 떨리고 딸이 너무나 미웠다. 딸은 이제 화를 내는 나에게 미안하다는 말도 하지 않았다. "엄마는 종이에 그림을 그리잖아요.", "저는 내 몸에 그림을 그린 것뿐이에요."라고 격앙된 목소리로 나에게 대들었다. 그 후 다른 쪽 팔에도 장미꽃이 그려졌다.

타투에 대한 선입견이 나쁜 건 나쁜가? 타투가 하나씩 하나씩 딸의 몸에 그려지는 것을 지켜보면서 나는 근심 걱정이 늘어만 갔다. 작게 하면 개성 있고 '멋있어~.'라고 했을 텐데 딸아이의 타투 크기는 상상을 초월했다. 어둠의 자식 같아 보였고 이제는 무섭다는 생각도 든다. 우리 딸이 잘못될까 봐 노심초사하며 생활을 했다. 내가 생각하는 착한 딸이 아닌가 보다. 너무나 슬프고 괴로웠다.

타투(Tattoo)는 문신(文身)을 뜻하는 영어 단어이다. 사람의 피부에 그리는 예술로 보기도 하고, 패션 역할까지 범위가 넓어지고 있다. 주변에서 흔히 작고 예쁜 문신이나 피어싱(piercing)은 귀엽게 많이들 한다. 개성과 패션 아이템이라는 이름으로 말이다. 그러나 그 크기가 커질 때는 문제가 다르고 심지어는 공포스럽고 거부감 마저 든다. 남자아이들도 크게 등이나 몸 전체에 혐오스러운 문양을 한 사람은 군대도 못 간다고 들었다. 단순히 개성 표현이나 멋으로 생각할 일이 아니었다. 타투는 살갗을 바늘로 찔러서 피부와 피하조직에 상처를 낸 다음 먹물 등으로 다양한 그림 등을 새기는 행위다. 사람의 마음이 한결같다면 얼마나 좋을까? 수시로 변하는 게 사람 마음인데, 어릴 때 생각없이 한 행동에 대해 후회할 때가 있지 않을까? 머리 염색은 잘못되거나 마음에 안 들면 곧바로 지울 수 있다. 그러나 문신은 영원히 내 살 속에 새겨지는 것이기 때문에 후회하고 다시 지우고 싶을 때는 이미 늦은 것이다. 새기고 싶을 땐 정말 심사숙고해야 한다. 여러 번 신중하게 생각하고 그래도 새기고 싶으면 헤나를 해본 다음에 해도 늦지 않을 것이다. 어떤 일을 하기 전에 리허설이라는 걸 한다. 준비 없이 하는 것은 실패할 확률이 높다는 것을 명심해야 할 것이다.

마음속에 있는 상처들을 타투로 가린다고 해서 없어지지 않는다. 심리적으로 불안한 마음, 허전하고 공허한 마음들을 왜 외모에서만 찾을까?

내 안에 해답이 있고 그 답을 풀 수 있는 것도 분명 자신밖에 없다.

무엇이든 중독이 되는 사람들을 심리를 보면 처음에는 호기심으로 한 번, 두 번 하다가 욕구불만과 욕망으로 자신이 선택한 것에 집중한다. 브레이크 없이 달리는 열차에 타려고 하는 딸아이를 이제는 보고만 있어야 하나?

딸은 엄마한테 많이 미안해한다. 절대 나쁜 길로 빠지지 않을 거라고 또 약속을 한다. 그냥 단순히 멋일 뿐이라고, 독특한 개성이라고 말하는 딸을 또 한 번 믿어줘야 하나? 내 마음은 이미 새까맣게 타들어갔다.

사랑스럽고 재주가 많은 둘째 딸이 엄마가 없었을 때의 허전한 마음을 타투로 충족하려고 하는 것 같아 얼마나 가슴이 아픈지 모르겠다. 딸은 팔에 한 것이 마지막이라고 했고 다른 곳은 하지 절대로 하지 않겠다고 했다. 엄마와 한 약속은 헌신짝 버리듯 쓰레기가 되었다. 목이 터져라. 가슴을 치며 딸에게 말을 해도 소용이 없었다. 등이나 몸 전체에 하지는 않을 거라고 약속을 한다. 불안한 마음이 또 든다. 나쁜 길로만 빠지지 않길 기도할 뿐이다.

세 딸 모두 그림을 참 잘 그렸다. 그중에서도 둘째의 솜씨는 나를 놀라게 한 적이 참 많았다. 5살 때쯤 그린 그림을 보면 사람의 속눈썹을 무지개 일곱 가지 빛으로 그렸던 둘째 딸이었다. 타고난 재능이 있었다. '그렇게 재능이 많은 자식들을 잘 양육하지 못한 벌을 지금 받고 있구나.' 하면서 자책을 많이 했다.

공부에는 뜻이 없는 둘째는 고등학교를 졸업하고 알바에 대한 관심이 높았다. 제천에서 함께 살면서 빵집 알바를 소개해준 적이 있었다. 지인이 운영하는 빵집을 소개해주고 그다음 날부터 출근하기로 했는데, 출근도 하지 않고 하루 만에 연락이 두절되었다. 나는 밤새도록 잠 한숨 못 잔 채 딸에게 연락이 오기만을 기다렸다. 저녁이 다 되서야 집으로 들어오는 딸을 보며 화가 머리끝까지 치밀어 올랐다. 결혼해서는 남편 때문에 화가 나고 고통스러웠는데, '남편 복이 없는 여자는 자식 복을 바라는 건 사치인가 보다.' 하면서 가슴 치며 울었다.

둘째 딸은 셋 중에서 성격이 제일 좋다. 남을 배려할 줄 알고 유머 감각도 있어서 함께 모이는 날이면 웃음꽃이 만발한다. 이렇게 착하게 잘 커준 딸들이 나는 너무 고맙고 대견했다. 딸은 자신의 외모를 독특하게 디자인(?)하는 것을 좋아한다. 훤칠한 키에 늘씬하기까지 한 딸이었다. 엄마인 입장에서는 뭐 하나 뜯어 고칠 데가 없었다. 비록 공부에는 관심이 없어 대학을 포기했어도 자신이 선택한 것에 대해 후회하지 않고 행복하게 살면 된다고 생각했다.

나는 외모만 가꾸는 사람을 별로 좋아하지 않는다. 그런데 내 딸들이 그렇게 생활하는 것 같아 늘 살얼음판을 걸었다. 공부를 열심히 하고 실력 있는 여성으로 당당하게 살기를 바랐다. 그러나 자신의 재능을 발휘할 생각과 노력을 하지 않고 둘째 딸은 지금도 그렇게 외모만 가꾸는 데 많은 시간과 투자를 아끼지 않고 있다.

'내가 너를 어떻게 키웠는데….' 하는 말은 못 한다. 엄마 손이 많이 필요한 어린 딸들에게 난 부모로서 책임을 다 하지 못했다. 그것이 미안할 뿐이다. 그 후 10년이 흘러 막내를 고등학교 때부터 키우고 둘째는 고교 졸업 후에 함께 지냈다. 나와 아이들은 떨어져 살면서도 시간 될 때마다 자주 만났다. 그렇지만 한집에서 살지 못했기 때문에 딸들은 말 못 하는 상처가 얼마나 많았을까 생각하면 내 살이 갈기갈기 찢어지는 것 같았다. 어른인 나도 이혼의 아픔과 상처를 극복하기까지 많은 시간과 노력이 필요했는데, 너무 어린 딸들에게 상처를 안겨준 것 같아 미안한 마음이 내 마음속에 켜켜이 쌓였다.

자식이 잘못된 길로 가길 바라는 부모가 세상에 있을까? 잘못된 길이 뻔히 보이는데 바라만 봐야 하는 부모의 심정은 어떠한 말로도 표현할 수 없었다. 외모를 가꾸는 일에 즐겁고 행복해하는 딸을 보면서 부모인 나는 왜 이렇게 가슴이 아픈지 모르겠다. 혼자서 눈물을 삼키며 가슴을 쓸어내려야만 했던 수많은 날들이 떠오른다. 이제 그만 슬퍼하자. 걱정하는 자식이 잘 안 된다는 말도 있지 않은가? 이제 세 딸 모두 20대 중반을 넘긴 성인들이다. 어떻게 살든 자식의 인생이다. 한 발 물러나 자식이 어떻게 살아가는지 믿어주고 지켜봐주자.

3

자식은 나의 분신이 아니다

중학생이 된 둘째 딸을 축하해주고 싶어서 약속을 하고 만났다. 나는 아이들이 사는 집 근처에 주차하고 딸들을 기다렸다. 조금 후에 딸들이 서로 손을 꼭 붙잡고 나에게로 걸어나온다. 그새 훌쩍 자란 모습이 마냥 신기했다. 나는 반가운 마음에 차에서 얼른 내려 딸아이들과 포옹을 했다. 딸들은 모두 건강해 보였다. 이산가족 만나듯이 늘 그랬다. 만날 땐 반갑고 헤어질 땐 너무 아쉽고 서운했다. 오늘은 동물원을 가기로 하고 세 딸들과 함께 청주 인근에 있는 동물원으로 움직였다.

엄마를 만나기 위해 나름 꾸민다고 한 것이 나는 눈에 너무 거슬렸다. 만난 지 몇 분도 되지 않아서 난 차 안에서 아이들에게 잔소리를 했다.

"머리가 그게 뭐야?"

"눈을 왜 그렇게 힘을 주는 거니?"

"옷은 학생답지 않네~."

아이들은 오랜만에 만나는 엄마에게서 잔소리만 듣고 있었다. 동물원을 다니는데 난 아이들의 표정과 옷차림, 말투 등이 내내 신경이 쓰였다. 아가씨같이 짧은 스커트에 구두까지 신고 나온 큰딸, 속눈썹을 말아 올린 듯 눈에 힘을 주고 나온 둘째 딸, 아직 초등학생인 막내는 엄마를 만나도 무표정이었다. 엄마를 만나는 것이 반가우면서도 곧바로 헤어질 거라는 생각을 하는 막내딸 모습을 보며 만나는 내내 마음이 언짢았다.

학생답지 않게 외모를 꾸미고 나오는 딸들, 화장품이 가득 들어 있는 가방을 메고 있는 둘째 딸을 만날 때면 너무나 가슴이 아팠다.

딸들이 외모만 가꾸고 약간 불량기 있게 입고 나올 때면 내 마음은 찢어지게 아팠다. 딸들을 만나고 제천으로 돌아오는 차 안에선 울음보가 터진다. '내가 우리 아이들을 망쳐놨어.' 저렇게 생활하다가는 잘못된 길을 갈 것 같은 생각이 강했다. 공부도 안 하면 남자친구나 만날테고, 노심초사 딸들이 탈선할까 봐 얼마나 마음 조이며 지냈는지 모른다.

자신의 생각대로 옷을 입는다고 생각한다. 스님의 옷차림은 얼마나 경건한가? 경찰 제복은 또 어떠한가? 발레를 배운 사람의 걸음과 옷차림은 또 어떤가? 사람의 옷차림은 그 사람의 생각이 지배적이라는 생각이 든다. 아직 사춘기라 호기심이 많은 나이긴 하지만 내 속에 어떤 생각을 하고 사는지 그 사람의 옷차림을 보면 잘 알게 된다.

딸들의 옷차림, 화장 등이 너무 마음에 안 든다. 아직도 어린 나이인데 속눈썹을 붙이고 머리는 고데기로 꼬불꼬불 멋내기를 했다고 하지만 나는 너무나 속이 상했다. 팔다리가 잘리는 듯 너무 아프다. 왜 우리 딸들이 저렇게 생활하게 되었는지 자책하고 울면서 운전하다 위험한 순간도 경험했다.

신학기가 시작되는 3월. 업무가 많아 좀 피곤한 퇴근길이었다. 장대비가 왔다. 운전하기가 많이 어려웠다. 빗소리가 자동차 천장을 뚫을 기세다. 천천히 운전하고 가는데 전화가 왔다. 난 정적을 깨는 전화벨 소리가 너무 싫다. 그런 전화를 받으면 꼭 나쁜 소식만 전해 왔기 때문에 예민하다. 특히 운전할 때 전화벨 소리는 더욱 나를 긴장하게 한다. 모르는 전화번호라 처음에 안 받았다. 그런데 잠시 뒤 똑같은 번호가 찍힌다. 차를 갓길에 세우고 전화를 받았다.

“○○ 어머님이세요?”

“○○ 지도교수입니다.”

“○○가 학교를 나오지 않고 있어요.”

"재능이 있는 학생인데 왜 학교를 나오지 않는지 어머님께서는 이유를 알고 계세요?"

"학생과 통화도 안 됩니다."

"연락이 닿으면 제게도 연락 주세요."

큰딸 대학 지도교수한테서 전화가 온 것이다. 초등학생도 아니고 중고등학생도 아닌 대학생이 되어 지도교수한테 상담전화를 받은 사람이 있을까? 정말이지 너무 놀라고 충격이 컸다. 나는 잘 알아보고 다시 연락드린다고 하고 전화를 끊었다. 나는 큰딸에게 무슨 큰일이 생긴 듯 불길한 예감으로 딸한테 전화를 걸었다. 불통이었다. 전화를 받지 않는다. 여러 번 했는데도 불통이었다. 너무나 걱정이 되고 손이 벌벌 떨리며 운전을 하지 못한 채 한참을 장대비 속에서 통곡했다.

며칠 후 큰딸한테서 전화가 왔다. "엄마, 저~ 자퇴했어요."라는 말이었다. 대학을 들어간 지 얼마나 되었다고 그새 휴학도 아니고 자퇴라니! 정말 기가 막혔다. 떨어져 사는 엄마도 엄마인데 상의라도 해야 하는 것인데 그냥 통보만 하는 딸이 너무나 미웠다. 이렇게 통보만 할 거라면 전화는 뭐 하러 한 것일까? 하루하루가 너무나 고통스러웠다. 함께 살지 않는 상태에서 자식의 삶을 어디까지 관여해야 할까? 사는 게 사는 게 아니었다.

너무나 답답하고 겁이 난 나머지 친언니와 통화를 했다. "언니, 큰애가 대학을 자퇴했어.", "공부 안 한대." 나는 언니 목소리를 듣는 순간 울음이 빵 터졌다. 너무 우는 동생이 가여웠는지, "내버려둬!" 한마디였다. "경선아, 이제 애들 때문에 그만 울어라.", "언니는 너의 건강이 더 걱정된다."

내 속은 까맣게 타들어갔다. 내가 잘못해서 큰딸이 잘못된 길을 선택한 것에 대해 수족이 잘리는 고통을 겪었다. 나의 분신과도 같은 딸들!

내가 집을 나올 땐 내가 죽을 것 같아서 뛰쳐나왔는데 이제는 떨어져 사는 딸들이 걱정이 돼서 죽을 것 같았다. 대학에서 공부도 하고 연애도 하고 젊음을 누리면서 생활하길 바랐는데 큰딸은 어항 밖으로 튀어 나온 물고기 신세가 된 것 같았다. 어항 밖으로 나온 물고기가 어찌 살 수 있겠는가? 딸의 인생을 생각하며 뜬눈으로 밤을 지샜다.

정말 자식은 내 맘대로 안 되는 것 같다. 자식의 인생을 대신 살아줄 수 없다. 부모가 함께 살면서 자녀들을 키워도 문제가 많이 생기는데, 엄마는 떨어져 있지, 아빠는 무관심하지, 조부모와 함께 살면서 얼마나 마음이 불안했을까? 엉망진창이 된 가정 속에서 아프지 않고, 나쁜 길로 빠지지 않고 성장해준 것 만으로 나는 감사한 마음이다.

어떤 일이든 관련이 있겠지만 계란 프라이를 할 때를 생각해보자. 계란 껍질을 깨야 하는데 깨는 순간 내용물이 다 쏟아질 때도 있고, 껍질이 프라이팬에 들어갈 수도 있고, 계란 노른자가 터져서 양손에 묻기도 하고 옷에도 묻기도 할 때가 있지 않은가.

어린 자녀들은 부모가 비빌 언덕이었을 것이다. 추우면 바람을 막아주었고, 무서우면 숨을 수 있는 마음의 언덕! 그 언덕이 없어졌으니 얼마나 무섭고 견디기 힘든 나날을 보냈을까 생각해본다. 그렇지만 그 언덕이 산처럼 높다면 부모도, 자녀들도 행복한 인생을 살 수 있었을까? 자식의 잘못된 행동이 훤히 보여도 너무 속상해하지 말자. 또한 불안해하지도 말자. 이제 성인이 되어 자신의 인생을 살고 있다. 미덥지 못해도 자식의 인생이다.

자식은 부모의 분신이 아니다. 자식의 인격체로 살아갈 권리가 있는 것이다. 그동안 자식들 키우느라 내 인생 보살피지 못한 부분을 챙겨야 한다. 부모가 행복하면 자식도 행복하다는 단순한 기본 명제에 충실해 보자. 늘 아이들 걱정으로 울기만 했던 나를 돌아본다. 이제는 성인이 된 자식들을 마음속에서 훌훌 떠나보낼 때가 되었다. 자녀들 때문에 마음 아파하지 말자. 자책도 하지 말자. 내가 행복해지도록 노력하고 이제는 자녀들을 위해 조용히 두 손 모아 기도하자.

그랬구나 | 20×30cm | 종이에 붓펜 | 2020

품안에 자식 | 30×34cm | 화선지 채색 | 2018

4
자식에게 미안한 마음을 버리자

삼대가 함께 살면서 너무나 어려웠던 집 밖 나들이를 처음으로 가던 날이었다. 그것도 다섯 식구만 간다. 꿈인지 생시인지 잘 구분이 안 갔다. 시부모가 없는 공간에 우리 식구만 있다는 게 너무나 신기했다. 펜션에 도착하자마자 아이들은 이불장에서 놀기 시작했다. 머리가 다 헝클어지도록 뛰고 또 뛰면서 놀았다. 둘째 딸은 코 평수를 넓히고 춤추며 놀고, 막내는 역시 막내인가 보다. 어리광 피우느라 정신이 없다. 애기였지만 더 애기처럼 표정을 짓고 논다. 큰딸은 동생들 챙기느라 바쁘다. 딸 셋은 에너지가 바닥이 날 때까지 놀았다. 그렇게 노는 모습도 오랜만에 본다. 나는 아이들의 모습을 카메라에 담기 바빴다. 딸들과 물가에 가서 놀기도 하고 밤하늘의 별도 함께 봤다. 결혼 12년 만에 처음 가족여행이었다. 큰딸이 12살, 둘째 딸이 8살, 막내딸이 6살 때였다. 나의 지인 가족은 주말마다 아빠가 매미채 들고 산으로 들로 자녀들을 데리고 다닌다. 너무나 부러웠던 가족이었다. 우리 집은 빚 때문에 아이들과 함께 여행 가는 건 꿈도 못 꾸는 상황이었다.

여행이라는 게 꼭 돈이 있어야 가는 것이고 시부모님이 허락해야 가는 것인가? 우리 가족은 그랬다. 돈이 없어서 여행은 꿈도 못 꿨고, 시부모님이 허락하셔야 움직일 수 있는 바보 같은 엄마 아빠였다. 그것이 순종이라고 생각했다. 친정도 못 간 이유가 바로 시부모님이 허락을 하지 않았기 때문이었다.

결혼하자마자 빚이 쌓이기 시작했다. 나는 첫아이를 낳고 나서부터는 힘든 나날을 보냈고 마음의 고통도 더욱 심해졌다. 딸아이들의 태교도 제대로 못한 것이 너무 미안했다. 마음은 늘 불안했다. 이런 환경에서 아들이 없어서 남편이 마음을 못 잡나 해서 낳고 또 낳고 보니 딸만 셋이었다. 무엇 때문에 그렇게 많은 아이들을 낳았는지, 자식들한테 너무 미안한 마음이다.

가정의 걱정거리가 끊이지 않았지만 아이들에게만큼은 그늘을 만들어 주고 싶지 않았다. 부부가 싸우는 모습도 보이지 않았고, 시부모님을 공경하면서 작은 아파트에서 일곱 식구가 살아도 남들이 보기에는 행복해

보였을 것이다. 할머니 할아버지도 있고 동네 할머니들의 귀여움을 독차지했으니 아이들은 특별히 부족한 것을 몰랐을 것 같다.

늘 시끌벅적한 우리 집, 동네 사람들의 방앗간이었던 우리 집, 부부 교사였고 부모를 공경하는 모범적인 가정이었다. 그렇게 지내던 어느 날 갑자기 나는 집을 나왔다. 하루아침에 엄마가 없는 집이 되어버렸다. 동네 사람들도 "○○엄마 요즘 통 안보이네~." 하면서 의심을 갖고 지켜봤을 것이다. 내가 있을 땐 동네 사람들은 우리 집 애들하고 친하게 지냈다. 나중에 이혼한 것을 알고는 그 집 애들이랑 놀지 말라고도 했다고 딸아이를 통해서 알게 되었다.

우리 집 속사정을 몰랐던 이웃집 사람들은 나를 이상한 여자라고 생각했을 것이다. 얼마나 힘들었을까? 아이들 입장에서 볼 때 난 정말 나쁜 엄마였다. 좋은 엄마로 있을 수 있는 방법이 하나도 없었을까? 자식들한테 너무나 미안하고 죄인일 뿐이다.

우울증 약을 복용하면서 의사는 그 약을 가족들이 볼 수 있는 곳에 놓고 먹으라고 했다. 난 그렇게 했지만 가족들은 관심이 없었다. 자신의 병은 자기가 알아서 챙기라는 시어머니의 말뿐이었다. 나는 마음이 아픈 상태였고 아이들에게 좋은 엄마 자리는 늘 비어 있었다.

주말이면 혼자서 집안 대청소를 하고 쓸고 닦고 일곱 식구 식사 준비를 마친 후 세 딸들을 데리고 목욕을 갔다. 힘들고 지치고 아이들 우는 소리가 늘 이명이 되어 내 귓속에서 바늘이 되었다. 너무 힘든데 좀 쉬려고 하는데 아이들 방에 장난감이며 책이 제자리에 가지 못하고 쓰레기처럼 널려 있다. 그 순간 화가 머리끝까지 치밀어 오른다. 나는 악을 쓰면서 아이들에게 야단을 쳤다. "책을 봤으면 제자리에 꽂아 놓아야지. 이게 뭐야!" 하면서 방바닥에 있는 것들을 모조리 쓸어서 현관으로 버렸다. 현관에 신발과 책이 뒤섞인 후 애들 보고 '다 정리해!'라고 또 한 번 소리 질렀다. 화가 난 나를 바라보던 딸들의 눈빛이 아직도 선하다.

내 마음이 불편한 감정으로 뒤범벅되던 때였다. 우울증도 심했다. 내 마음이 편했다면 아이들과 함께 책도 읽어주며 놀았을 것이다. 또한 다 본 책들을 어떻게 정리해야 하는지도 잘 알려주었을 것이다. 그렇게 무서운 얼굴로 아이들이 놀며 보던 책을 다 버리듯 하지는 않았을 것이다. 그 뒤로 아이들이 책에서 손을 뗀 게 아닌가 하는 생각도 해본다(쓴웃음).

근무하는 학교에서는 열심히 일하는 교사. 담임 반 학생들을 위해 최선을 다하는 선생님. 집에서는 세 딸에게 최고가 되려는 엄마, 남편의 뒷바라지를 열심히 하는 아내, 일곱 식구가 함께 사는 환경에서도 시부모님께 순종하며 열심히 생활하는 며느리 역할, 1인 5역을 완벽하게 하려는 나였다. 무조건 완벽하게 해야 한다는 강박이 생겼다. 좋은 엄마가 되려고 안간힘을 쓰면 쓸수록 가정과 직장 생활에 대한 부담감과 두려움이 산처럼 쌓였던 것 같다. 완벽한 사람은 이 세상에 없다. 완벽한 부모 또한 이 세상에 존재하지 않는다. 부모가 완벽하려고 하는 순간, 자녀들은 부담을 갖고 부모처럼 되지 않는다고 실패와 패배감을 알게 된다. 부모도 실수를 하면 바로 인정하고 또 아이들에게 '미안하다'고 하면서 사과를 하는 자세가 어찌 보면 바람직한 부모의 역할이 아닐까 생각한다. 완벽해야 한다는 강박을 버리는 연습을 해보자. 자녀들을 내 힘으로 바꿔보려고 안간힘을 쓰지 말자.

이제는 부모 자신의 부족함을 알아야 한다. 부족하고 실수하는 사람이라고 말해주자. 잘못한 부분은 솔직하게 사과하자. '엄마 아빠가 부족해서 너희들에게 상처를 줘서 많이 미안하구나.' 이렇게 솔직한 심정으로 아이들에게 부모가 아직도, 여전히 너희들을 사랑한다고 말해주자. 그리고 꼬옥 안아주자.

자식에게 미안한 마음을 버리기 위한 네 가지 방법을 소개한다.

첫째, 실수를 하면 곧바로 사과하자. 사과할 기회를 놓치거나 자꾸 미루게 되면 자녀와의 거리가 멀어지게 마련이다.

둘째, 몸으로 놀아주자. 스킨십이 무엇보다 중요하다. 부모와 자식 간에는 특별한 말이 필요없다. 함께 몸을 부딪히며 놀아주면 된다.

셋째, 자녀와 함께 놀 때 웃는 모습을 보여주자. 부모가 행복해하는 모습을 보면 아이들은 저절로 행복해진다. 아이가 웃어야 행복해진다.

넷째, 자녀에게 너는 이 세상에 유일한 사람이라고 알려주자. 자녀들에게 감사한 마음을 표현해야 한다. 자신이 귀한 존재라는 것을 알고 자라게 되면 세상을 긍정적으로 바라보고, 자존감이 높은 아이로 성장할 것이다.

자녀는 부모의 거울이다. 거울이 깨끗해야 자녀도 맑고 건강하게 잘 자라는 것이다. 이제까지 자식들에게 죄책감과 미안한 마음으로 살아왔다. 죄인처럼 살다 보니 자녀에게 사랑한다는 마음을 표현하기가 매우 어려웠다. 이제는 더 이상 미안해하지 말자. 지금 자식들과 함께할 수 있는 일, 웃을 수 있는 일이 무엇일까를 찾아보고 함께 하자. 엄마가 웃으면 자식도 웃고, 웃다 보면 좋은 일도 많이 생기고 행복해진다.

5

죄책감이 아닌 믿음으로 채우자

큰딸이 고등학생 때의 일이다. 청주에서 세 딸들과 만나던 날이었다. 시내에서 맛있게 점심을 먹고 쇼핑을 하려는데 눈보라가 몰아쳤다. 갑자기 추워진 날씨 때문인지 아이들이 입고 있는 외투가 얇아 보였고 초라해 보이기도 했다. 엄마랑 함께 살지 못하는 딸들에게 따뜻하고 좋은 옷을 사주고 싶었다. 적당한 옷을 큰딸에게 입혀보니 참 잘 어울렸다. 동생하고 함께 입어도 좋겠다고 말했다. 딸들은 잘 입겠다고 하면서 헤어졌다. 새 옷을 입고 집으로 돌아가는 모습을 보면서 기쁨보다는 딸들과 함께 살지 못하는 마음이 너무나 슬펐다. 쇼핑하고 엄마 손잡고 집으로 함께 가면 얼마나 좋았을까?

전화벨이 울린다. 알고 있는 전화번호다. 아이들 할머니 전화다. 받고 싶지 않았다. 한참을 머뭇거리다가 전화 통화를 했다. "얘. ○○가 니가 사준 옷을 버리고 헌 옷을 입고 다닌다. 옷만 사주면 엄마 역할을 다 하는 거냐?"고 하면서 그 비싼 옷을 버렸다고 했다. 난 한참을 말 없이 있다가 "할 수 없지요." 하면서 전화를 끊었다. 결혼해서는 빚이 너무 많아서 아이들에게 새 옷도 제대로 입히지 못했던 미안한 마음에 만날 때 마다 옷도 사주고 맛있는 것도 사주었지만 아이들은 내 마음을 받아주지 않았다. 그 마음이 어떤 건지 잘 알고 있었던 나는 너무나 마음이 아팠다.

이혼 후 나는 딸들과 이메일을 주고받으면서 근근이 삶의 끈을 이어갔다. 어느 날 큰딸이 이런 내용의 글을 보내왔다. "엄마만 집에 들어오면 아무 문제가 없어요.", "엄마만 집에 들어오면 우리 가정은 행복해요." 하는 거였다. 음식을 먹다가 목에 뭔가 콱 막힌 듯한 느낌을 받았다. 어떻게 답을 해야 할지 답답하고 너무나 속이 상했다. 그 집에선 내가 잘못해서 집을 나간 엄마로 애들 마음에 심어준 것 같아 그 집에 사는 사람 모두 미워했다. 아니 증오했다. 어떻게 애들한테 나에 대해 나쁘게 얘기할 수 있지? 내가 그 집에서 얼마나 고생고생했는데. 딸들의 눈에도 엄마만 들어오면 행복해진다고 생각했다는 게 한편으로는 가슴이 너무 아팠다. 아무 준비도 없이 어느 날 갑자기 엄마가 집에 오지 않을 때 아이들은 너무나 혼란스럽고 당황스럽고 무서웠을 것이다.

13년을 살면서 부부 싸움을 한 번도 하지 않았다. 부부 싸움은 어른들을 모시고 살면서 해서는 안 되는 것이라고 생각을 했기 때문이다. 큰딸은 친구네 집에 놀러 갔다가 친구의 부모님이 물건을 던지며 싸우는 것을 목격하고 집에 와서 얘기를 했다. "우리 엄마 아빠는 싸우지 않는데 제 친구 부모님은 엄청 싸워요. 무서웠어요!" 큰딸 눈에는 친구네 부모가 싸우는 게 낯선 장면이었을 것이다. 부부 싸움을 하면서도 문제를 해결해나가고, 그러면서 불통을 소통하는 부부들이 잘 사는 건지 난 미처 몰랐다. 화가 나면 소리도 지르는 게 잘못된 감정이 아니다. 화가 난 이유를 살피는 게 중요한데 난 화를 억누르며 참기만 했다.

아이들은 집에 오면 할머니, 할아버지, 아빠, 엄마가 모두 있었는데 이유도 모른 채 엄마가 하루아침에 보이질 않았으니 자식들 눈에는 갑자기 닥친 재난이었을 것이다.

자식들에게 엄마와 헤어질 준비도 시키지 못한 채 집을 나온 나였다. 그 집에서는 숨을 쉬지 못했다. 너무 갑갑하고 고통스러웠다. 양손에 내 짐을 챙기고 나오면서 컴퓨터를 하고 있는 큰딸을 안아주며 조용히 그 집을 나왔다.

자녀들은 부모의 사랑을 먹고 자라야 한다. 아이는 철없이 커야 한다. 아이는 아이답게 커야 한다. 아이는 많이 웃고 행복하게 커야 한다. 그렇게 커야 건강한 어른이 될 수 있다. 어른이 된 세 딸들이 아직도 자신의 인생에 대해 많이 힘들어하는 것은 아이답게 커야 하는 시간을 부모가 빼앗았기 때문이다. 물은 이미 엎질러졌다. 엎질러진 물은 다시 담을 수 없다. 내가 지금 현재 딸들에게 할 수 있는 최소한의 부모 역할이 뭘까를 생각한다. 아빠 엄마가 싸우는 모습은 보이지 말자. 최소한 부모로서 역할과 의무를 다해보자.

이미 딸들은 어린 나이에 마음을 다쳤다. 다친 마음은 자신들 때문에 엄마 아빠가 헤어졌다고 생각하기도 했을 것이다. 그럴 때마다 딸들은 죄책감이 생기고 강한 척하며 부족한 자존감을 채우려고 안간힘을 썼던 것 같다. 부모는 헤어졌지만 자녀들에게 만큼은 아빠에 대해 험담을 해서는 안 된다. 그렇지만 나는 내 안에 분노가 가득했기 때문에 그 화를 가라앉게 할 방법을 몰랐다. 늘 우울했다가 분노가 치밀어 오르면서 내 마음은 요동쳤다.

양말도 혼자 신지 못하는데 어떻게 신발 신는 요령을 알았겠는가! 갑자기 엄마가 없는 빈자리를 큰딸은 자신이 엄마가 된 것처럼 너무 어린 나이에 두 동생을 돌보는 어른 아닌 어른으로 자란 것이다. 작은 두 어깨가 얼마나 무거웠을까를 생각하니 통증이 밀려오면서 또다시 울었다.

큰딸이 결혼하기 전의 일이다. 큰딸은 울면서 나에게 전화를 했다. "부모가 이혼했다고 시부모님 될 분들께 내 점수가 반 토막 났어요." 기쁘고 행복해야 할 딸의 결혼이 눈물로 시작되었다. 엄마의 잘못으로 시댁 어른들에게 자신이 너무 푸대접을 받고 있다고 했다. 큰딸은 생각지도 못한 시어머니의 표정 하나하나가 상처였나 보다. 엄마 아빠가 이혼한 바람에 난 대학도 못 갔고, 이렇게 결혼도 일찍 하는 거라고 하면서 하소연을 했다. 딸이 누구에게 이런 말을 털어놓을까 싶어서 아무 말 없이 들어주었다. '엄마도 최선을 다하고 있다.', '이제 와서 엄마가 어떻게 해야 되느냐.'고 반문하고 싶었다. '왜 아빠한테는 그런 말을 못하니?'라고 말하고 싶었다. 화를 내고 싶은 마음이 굴뚝 같았지만 그럴 수 없었다. 나는 무조건 죄인이었다.

딸은 얼마나 힘들었을까? 엄마 없이 두 동생을 보살폈던 큰딸로서의 책임감이 얼마나 무겁고 무서웠을까? 아빠가 딸들에게 좀 더 자상하게 대하고 친구도 되주고 했으면 좋았을 텐데 보살핌을 받아야 할 아빠한테 많이 맞았다고도 했다. 어릴 적 부모 이혼으로 받은 상처가 트라우마로 남아 있는 딸이 지금 얼마나 힘들지 누구보다 잘 아는 나였다.

상견례를 마치고 온 큰딸을 보면서 나는 아무 말 없이 안아주었다. '힘들었지!' 다른 말이 무슨 소용이 있겠는가!

예쁘게 신부 화장도 하고 웨딩드레스를 입고 사랑하는 신랑과 다양한 포즈를 취한다. 너무나 예쁘다. 최고로 예쁜 나이다. 마음껏 날개를 달고 훨훨 날아다니는 딸이 너무나 사랑스럽다. 웨딩 촬영하면서 딸아이는 그간 힘들었던 마음이 좀 풀어진 듯했다.

나는 어린 딸들을 많이 안아주지 못한 미안함과 죄책감에 힘들었다. "엄마랑 손 붙잡고 쇼핑하고 싶었어요." 딸은 어릴 때 엄마랑 많이 못해본 것에 대한 아쉬움을 자주 얘기하곤 했다. 엄마랑 함께 다니는 친구들이 너무 부러웠다고 말을 했다.

과거는 지나갔다. 과거에 얽매여 현재를 망치고 싶지 않다. 내가 처한 이곳, 이 시간이 얼마나 중요한가! 딸들이 성장해서 이제 성인이 되었다. 지난날의 잘못으로 평생 죄책감을 갖고 살 필요는 없다. 성인이 된 자녀들을 볼 때마다 '엄마가 미안하다. 미안하다.' 하면서 자신감 없는 태도를 보인다면 좋아할 자식들이 어디 있을까? 미안한 마음이지만 과거의 죄를 씻는 방법은 엄마가 행복하게 살면 된다. 자녀들에게 과거 부모의 잘못을 인정하고 더 이상 자녀들에게 상처를 주지 않도록 건강관리 잘하면서 행복하게 살면 자식들도 좋아할 것이다. 그것이 지금 할 수 있는 최선의 부모 역할이 아닐까 생각한다.

6
너무 일찍 결혼한 큰딸에게

큰딸이 결혼한다. 너무나 황당하고 놀랄 수밖에 없는 이 사실! 패션디자인학과에 진학했고 자신의 꿈과 열정을 학업과 젊음에 집중하길 바랐다. 아직 어리고 대학을 졸업하고 나서 결정해도 늦지 않는다고 설득도 해보았지만 아무 소용이 없었다. 큰딸은 겁도 없이 대학을 중퇴하고 1년 정도 연애하고는 그 이듬해 22살 겨울에 결혼을 했다. 나는 딸들에게 "일찍 결혼하지 말고 젊음을 즐겨라."라고 자주 말하곤 했다. 결혼보다는 자신의 꿈을 펼치며 전문직 여성으로 살아가길 바랐다.

요즘 젊은 청춘들은 30살이 넘어야 초혼을 한다고 한다. 초혼이 이렇

딸 | 20×30cm | 종이 붓펜 | 2020

게 늦어지는 데는 분명 이유가 있다. 전쟁과 같은 취업난으로 젊은 미혼 남녀의 사회 진출이 늦어지고 있다. 결혼도 늦어지니 당연히 아이 낳아 키우는 것도 어려움이 있다고 본다. 이런 사회적 분위기에도 아랑곳하지 않고 너무 일찍 결혼한 큰딸! 결혼을 앞두고 눈물을 보이는 큰딸의 심정을 어찌 다 알 수 있을까? 초등학생, 중학생이 된 딸들을 두고 나온 엄마가 무슨 할 말이 있을까? 가슴에 상처만 남은 큰딸에게 부모로서 자녀들을 위해 양육을 소홀히 하고 책임을 다하지 못한 마음에 눈물이 나도록 죄책감이 들었다.

　큰딸 결혼식이 있던 날 나는 예식장에 가지 못했다. 내가 낳은 딸이 결혼하는데 결혼식장에 촛불도 켜지도 못했다. 나는 웨딩드레스를 입은 큰딸의 모습을 너무 보고 싶어서 어떻게 하면 볼 수 있을까를 생각했다. '복면을 하고 하객처럼 위장하고 숨어서 뒷줄에서 볼까?', '아니야 내가 뭐를 잘못했다고 뒤에서 그것도 숨어서.' '그냥 무조건 갈까?' 이런 생각들이 내 숨통을 조이는 듯 가슴 통증까지 느껴졌다. 예쁜 우리 딸의 결혼식도 가지 못하는 내 처지가 한없이 불쌍했다.

　딸의 웨딩사진을 보는데 천사가 따로 없었다. 너무나 예쁘게 잘 자라준 딸이 고맙고 대견했다. 딸이 결혼을 준비하는 몇 달 동안 아무것도 손에 잡히지 않았다. 큰 슬픔에 잠길 때면 울기도 많이 울었다.

　큰딸은 결혼식을 마친 후 결혼식 동영상 CD를 나에게 주었다. 선물이라고 하는데 받고 싶지 않았다. 딸만 나오게 어떻게 오릴 수 없을까? 그 영상 속에는 보고 싶지 않은 얼굴들이 얼마나 많겠는가. 그런 엄마의 심정을 몰라주는 딸에게 서운한 마음도 들었다. 나의 이런 마음을 아는지 모르는지 큰딸은 열심히 영상에 나오는 사람들을 열심히 설명해주었다. 나는 힐끔힐끔 영상을 보면서 건성으로 대답했다. 딸아이의 말소리는 들리지 않았다. 내 딸 결혼식에 처음 보는 여자가 촛불을 켜고 있다. 내가 있어야 할 자리에 한복을 곱게 차려입고 남편과 함께 하객들을 맞이하며 사위와 딸에게 인사를 받고 있다. 난 더 이상 영상을 볼 수 없었다. 영상을 보는 내 심정은 처참했다. 너덜너덜하게 다 찢어졌다. 어쩜 이렇게 가슴이 아플까? 딸이 가고 난 불 꺼진 방 이불 속에 얼굴을 묻고 엉엉 소리 높여 울었다.

'왜 나만 이런 형벌을 받아야 하지?'
'미안해, 우리 딸들.'
'엄마가 미안하구나.'
'정말 미안해.'

기쁘고 행복한 결혼을 한 큰딸에게 엄마가 자꾸 눈물을 보이는 것 같아 미안한 마음이 들었다. 영상 속 큰딸은 환하게 웃고 있었다. 내가 결혼할 때처럼 상기된 모습이었다. 하객들과 사진을 찍으며 웃고 있다. 둘째와 막내딸도 예쁜 한복을 입고 있었다. 영상 속에서 딸들의 모습이 나올 때면 차가운 컴퓨터 화면을 만지며 또 울었다.

큰딸은 신혼여행을 다녀온 후 나에게 인사를 하러 왔다. 둘은 참 사랑스럽고 행복해 보였다. 나는 새 출발하는 딸에게 어두운 표정을 보이고 싶지 않았다.

176

"고맙구나. 서로 믿어주고 사랑하며 잘 살아라."

난 미안한 마음으로 신혼부부의 절을 받았다. 이제 어린 시절을 마무리하고 어른으로 한 가정을 책임지며 새 출발을 하는 큰딸에게 감사한 마음을 전했다.

며칠 후 큰딸은 울면서 나에게 전화를 한다. "엄마, 혼수 좀 해주실 수 없어요?" 하며 딸은 파르르 떨며 나에게 말했다. 딸아이의 말을 다 듣고 나니 갑자기 너무 화가 났다. '아빠가 다 해줘야지. 왜 딸 결혼식에 참석도 못한 엄마가 그 혼수 비용을 해줘야 하나구.' 하는 생각이 들었다. 아빠는 혼수를 못 해준다는 말밖에 없었다며 딸은 나와 통화하는 내내 눈물을 보였다. 부모 원망도 섞인 눈물이 내 가슴속에 스며들었다. 화가 나는 마음을 추수리고 힘들어하는 딸의 마음을 보듬어줘야 했다. 큰딸 혼수는 내 몫이었다. 난 어렵게 돈을 마련해서 딸의 혼수를 해주었다.

허리케인처럼 불어 닥친 큰딸의 결혼! 지옥 같았던 결혼을 접고 보니 더 큰 산이 내 앞을 가로 막고 있었다. 힘겨운 마음 전쟁을 치르고 있던 나에게 큰딸의 결혼은 그야말로 메가톤급의 허리케인이었다. 결혼을 하기 위해 준비하는 시간도 힘들었지만 결혼을 했는데도 바로 임신이 안 되는 것에 대한 조급함 때문에 몹시 불안해했다. 철이 없어서일까? 아니면 하루빨리 안정된 가정을 갖고 싶어서였을까? 나는 두렵고 불안해하는 딸을 위해 많은 얘기를 전해주었다.

내 인생의 주인공으로 당당히 삶을 가꿔 나가야 한다. 엄마처럼 바보같이 희생만 하지 마라. 나 혼자만 희생하면 만사가 해결이 될 거라는 생각을 버려야 한다. 신혼 때일수록 시부모님께 너무 잘 하려고 노력하지 마라. 너무 잘 하려고 하다가 일찍 지쳐버린다. 너의 있는 모습 그대로를 보여드려라. 시부모님께 무조건 순종하지 말고 당당히, 정중히 거절하면서 살아라. 무엇이든 좋은 게 좋다는 생각으로 살지 마라. 가장 중요한 것은 내가 행복해야 한다. 조급한 생각을 버리고 삶의 여유를 가져라. 남편과 잘 살아야 시부모도 있고 자식도 있는 거란다.

30년씩 다른 별에서 살다가 지구별이라는 한 공간에서 살게 되는데 얼마나 부딪히는 일이 많겠는가? 부부가 결혼생활을 하면서 부딪히는 것은 당연한 것이다. 지혜롭게 일상의 어려움을 사랑으로 해결해나가야 한다. '내가 하자는 대로 따라오기만 해!'라고 무조건 상대방의 희생을 요구해서도 안 된다. 두 사람 모두 행복을 누릴 권리가 있는 것이다. 내 인생의 주인공인 내 삶을 잘 운영하는 지혜가 무엇보다 필요하다. 이제는 두 아이의 엄마가 된 딸에게 응원을 해주는 일이 나의 소명이 되었다.

부모의 빈자리가 너무 커서 힘들어했던 큰딸, 너무나 어린 나이에 결혼한 큰딸은 복잡하게 꼬이고 답답했던 자신의 인생을 결혼을 통해서 보상받고 싶었지 않나 하는 생각도 해본다. '결혼만이 답이다.'라고 생각한 안타깝고 가여운 큰딸! 이제는 한 가정의 부모로 엄마인 나보다 더 현명하고 지혜롭게 살아가는 모습을 보며 너무나 대견하고 자랑스럽게 생각한다.

세 딸들 | 20×30cm | 갤럭시 노트펜 | 2016

7
자식에 대한 사랑은 묵묵히 지켜봐주는 것

나에게 5살 위인 친언니가 있다. 언니도 딸이 둘이다. 나는 언니에게서 많은 영향을 받으며 컸다. 언니 딸들의 성장 과정을 보면서 두 자녀를 잘 키운 언니가 많이 부러웠다. 어려운 환경이었지만 두 자녀를 잘 키워낸 언니에게 자녀 교육에 대한 노하우도 많이 배웠다. 조카는 그림을 잘 그린다.

조카는 소신이 있어서 인문계 고등학교를 갈 수 있는 성적에도 불구하고 특성화 고등학교에 성적우수자로 진학했다. 조카는 3년 내내 장학금을 받으며 공부했다. 대학에서도 좋은 성적으로 교수님이 추천해준 디자인회사에 입사도 하는 영광을 얻기도 했다. 조카의 그림노트를 본 적이 있다. 첫 장부터 그림이 나온다. 인물의 표정, 동작, 비례에 대한 다양한 그림들이 꽉 차 있는 노트이다. 예사롭지 않은 그림 실력과 생각, 아이디어, 대상을 관찰하고 표현한 그림이 가득하다. 너무 대단하고 부러웠다. '어쩜 이렇게 잘할 수 있을까? 어떻게 한 권을 채울 수가 있지?' 무선노트는 세상에서 하나밖에 없는 그림책이 되었다. 꾸준히 자신이 좋아하는 것을 집중해서 한다는 것은 어른이 되어도 어떻게 인생을 살아갈지 보이는 부분이다.

나는 세 딸이 조카처럼 되기를 바랐다.

'애들아. 언니가 그린 그림 노트 좀 봐라. 두꺼운 노트를 그림으로 채우는 집중력이 대단하지 않니? 언니가 고등학교에서 장학금 받았댄다. 언니가 대학 가서도 성적우수자로 회사도 교수님의 추천을 받고 입사했단다. 너희들도 이를 악물고 공부하면 언니처럼 될 수 있어. 언니보다도 우리 딸들의 그림 실력이 더 출중하단다. 열심히 해라.' '언니는, 언니는….'

나는 조카와 딸들을 비교하면서 마음속으로는 '더 잘할 거야.' 하면서 아이들에게 공부에 대한 집착을 많이 했다. 비록 공부에 관심이 없는 딸들이었지만 조금만 집중하면, 조금만 노력하면 될 것 같았다. 용의 꼬리보다는 뱀의 머리가 되는 게 낫다는 생각을 하면서 공부에 집중하기를 학수고대했다.

엄마 아빠의 예술적 기질을 물려받은 딸들이 능력을 펼치며 멋지게 인생을 살아가는 모습을 상상하곤 했다. 학원에서 교육받고 잘 그리는 그림이 아니라 타고난 재능이 있는 딸들이었다. 인어를 그린 그림이 있다. 큰딸은 현대적인 의상을 입은 섹시한 인어, 둘째 딸은 풍성한 머리카락과 화려한 비늘을 자랑하는 인어, 막내딸은 물살을 느끼며 유유히 헤엄치는 우아한 인어를 그렸다. 다양하고 각각의 개성이 넘치는 딸들이 성장해가는 모습을 본다는 건 부모에게 최고의 선물이었다. 이것보다 더 큰 신의 선물이 어디 있을까?

재능을 타고 났어도 꾸준한 노력과 열정이 없으면 능력이 없는 것이다. 딸들은 그림을 잘 그릴 뿐 그림에 대한 관심과 흥미가 별로 없었던 것 같다. 큰딸과 둘째 딸은 밖에서 친구들과 놀기를 잘하고, 막내딸은 두 언니들과는 다르게 독서에도 취미가 있고 아이디어가 좋다. 언젠가 자신의 이름을 미로의 이미지와 연결하여 표현한 작품이 있는데 아직도 선명하게 기억난다. 아이디어가 돋보인 멋진 작품이었다.

떨어져 산 시간 만큼 나는 아이들에게 또 다른 상처를 안겨주었다. 언니의 두 자녀와 비교하면서 부러워하면서 조카들보다 앞서게 하려고 더 열심히 노력하고 공부해야 경쟁에서 이길 수 있다고 엄마의 조급성을 드러냈다.

교육철학자 존 로크(John Locke)는 자녀가 백지와 같아서 어른들의 영향에 따라서 그 백지에 색깔이 칠해진다는 '백지설'을 주장했다. 아무것도 없는 하얀 스케치북에 그림을 그릴 때는 그리는 사람의 마음을 표현한다. 좋아하는 색깔, 생각나는 이미지 등을 머릿속에 형상화시켜서 그리게 된다. 마음속에 불안감과 조급함이 가득한데 멋진 그림을 그릴 수 있을까? 자녀들에게 나쁜 영향을 주었다고 생각하니 마음이 아팠다.

딸들도 노력해보았다고 했다. 성과는 바로 나타나지 않았을 것이다. 학습 능력은 어릴 때부터 꾸준히 반복해야 얻을 수 있다. 그런 교육을 부모의 부재로 받지를 못한 딸들에게 나는 질책과 강요만 했다. 실패감을 먼저 알게 되었을 테고 '아, 나는 공부 쪽은 아닌가 보다.' 하는 좌절감도 느꼈을 것 같다. 다른 사람과 비교하고 조급하게 많은 것들을 요구했던 세 딸들에게 미안함 마음뿐이다.

닮은 듯하지만 너무나 다른 큰딸과 둘째 딸이다. 한 5년을 스포츠 매장에서 근무하면서 사회 경험을 쌓은 둘째 딸이 언니랑 동업을 계획하고 있다. 큰딸도 아이들이 이제 초등학생이 되어 낮에는 일할 수 있는 시간이 생겨서 몇 년 전부터 사업을 구상했던 것 같다. 사업은 남녀가 함께 입을 수 있는 옷가게를 여는 것이었다. 늘 꿈이라고 하면서 옷가게 말만 꺼내도 즐거워하고 행복해한다.

의상에 관심이 많아 어릴 때부터 꾸미는 것을 좋아하고 패션에 대해 남다른 감각을 갖고 있던 딸들이었다. 공부에는 관심이 없었지만 패션에 는 눈빛이 반짝거렸다.

무엇이든지 관심과 흥미만 있어도 할 수 있는 게 많다는 것은 인정한 다. 사업을 시작할 때는 충분히 알아보고 준비해야 할 것들이 얼마나 많 은가? 의상과 관련한 책에서도 도움을 받을 수 있고 발품 팔면서 잘되 는 매장의 노하우도 살짝 엿볼 수 있다. 창의적이고 독특한 개성이 있어 야 살아남을 수 있는 패션 시장. 자신만의 노하우 없이 살아남을 수 있을 까? 준비하는 게 미덥지 못한 부분이 많다.

어느 날 사업 계획 초안을 보여주었다. 두 아이의 생각이 고스란히 담 긴 계획서였다. 흥미진진한 사업 구상을 가지고 딸들과 함께 보면서 엄 마의 생각도 살짝 끼워보았다.

이 분야의 많은 사람들은 시간과 열정을 투자해서 도전하지만 만만치 않은 분야임에는 틀림없다. 아직 사회 초년생인데 겁 없이 사업을 시작 하는 딸들이 미덥지 못해 많이 불안한 마음이다. 의욕 하나만 가지고 할 수 있을까? 열정만 가지고 할 수 있는 일일까? 80대 부모가 60대 자식을 걱정하는 것을 보면 부모 앞에 자식은 언제나 부족할 수밖에 없고 걱정 의 대상이기도 하다. 부정적인 생각은 나쁜 결과만 초래한다. 무엇보다 긍정적인 생각을 갖고 하다 보면 좋은 결과가 따라올 거라고 믿는다.

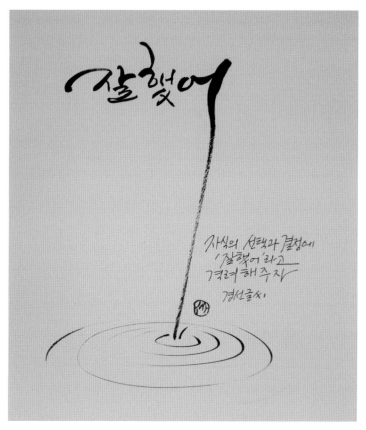

잘했어 | 20×30cm | 종이 붓펜 | 2020

　젊음이 무엇인가? 축복이고 미래다. 무엇이든 경험할 수 있고 실패해
도 두렵지 않다. 도전할 수 있는 힘과 건강이 보장된 시간이다. 돈 주고
도 살 수 없는 젊음이 있다는 사실 하나만으로도 사업을 시작하는 딸들
이 부럽기도 하다. 어떻게 생각하면 특별하지도 않은 대학을 나와서 일
반 회사원으로, 직장인으로 사는 것보다는 훨씬 의미 있는 삶이라고 생

각한다. 내가 좋아하는 일을 한다는 건 축복이자 선물이다. 월급 받고 다니는 직장보다 훨씬 힘든 일이 많을 것이다. 그렇지만 내가 좋아서 하는 일은 성취감과 만족감이 클 것이다. 두려움이 있을 텐데 일을 시작하는 딸들이 대견하다.

자녀들에게 부모의 교육관과 인생관을 강요해서는 안 된다. 남과 비교하는 것을 멈추고 자녀들의 있는 그대로의 삶을 응원해주면 된다.

엄마와 떨어져 힘든 사춘기를 보낸 딸들. 작은 어른이 되어 동생들을 보살피느라 힘들었던 큰딸. 힘들어하는 언니를 위해 예쁜 머리도 만들어주며 잘 챙겨주는 둘째 딸, 누구의 도움도 없이도 자신의 인생을 잘 살아가고 있는 막내딸이 내게 있다. 못해주었던 것만 생각하지 말고 앞으로 해줄 수 있는 것을 생각하자. 미안한 마음으로 자녀들을 응원해주자.

풍경 중에서 으뜸인 산이 있다. 산의 능선은 인간의 삶과도 같다. 각자의 위치에서 잘 살고 있는 자녀들을 믿어주자. 굴곡이 있는 산이 아름답듯이 자녀들이 그리고 있는 아름다운 인생 능선을 묵묵히 감상하자.

첫째 딸 산은 다양한 나무와 식물과 꽃이 많은 아름다운 산이고 둘째 딸 산은 굴곡이 심하고 경사가 가파른 매력적인 산이고 막내딸 산은 내 집 동산처럼, 언덕처럼 편안하고 예쁜 산이다. 이렇게 멋진 풍경을 보고 있는 나는 행복한 사람이다.

세 개의 산 | 20×30cm | 종이 붓펜 | 2020

8

자식의 선택과 결정에 '잘했어'라고 격려하라

사위 학교 앞 횡단보도를 건너가려고 기다리고 있는데 횡단보도 저쪽
끝에 눈에 들어오는 한 여자가 서 있다. 너무나 눈이 부셨다. 긴
머리 휘날리며 늘씬한 키와 너무 예쁘게 생긴 여자가 눈에 확 들
어왔다. 꼭 말을 걸어봐야지! 하고 횡단보도 중간쯤에서 가던 길
을 멈추고 몇 마디 나눴다.

큰딸 횡단보도를 중간쯤 지나가고 있는데 처음 보는 남자가 나에게
말을 걸어왔어. 몇 마디 나눴는데 괜찮아 보여서 횡단보도를 건
너와서도 얘기를 나눠보니 사람이 점잖아 보여서 연락처를 주고
받았다.

영화의 한 장면처럼 첫눈에 반한 큰딸과 사위의 첫 만남 이야기다. 사위는 군대를 제대한 후 4학년 복학을 한 상태였는데 돌아가신 할머니께 기도를 올렸다고 했다. "할머니, 이쁜 여자 만나게 해주세요."라고 말이다. 그 기도가 이루어진 순간이라고 말을 했다. 나는 처음 보는 사람, 아니 횡단보도에서 마음의 결정을 하고 연락처를 주고 받는 딸의 연애 스타일이 겁이 났다. 횡단보도 건너는 시간은 1분도 안 되는 것으로 알고 있다. 건너기 전 잠깐 기다리는 시간을 포함하더라도 3분이 넘지 않았을 것 같다. 사위는 그때 첫 만남을 이렇게 얘기를 한다. "이 순간을 놓치면 나의 미래가 없을 것 같았다."고. 그 짧은 순간에 수많은 생각을 했다고 한다.

횡단보도 위 남녀는 결혼을 했다. 딸의 나이 22살, 사위의 나이 26살이었다. 요즘 이렇게 빨리 결혼하는 청춘들이 있을까? 엄마인 나도 25살에 결혼했을 때도 빠르다고 했는데, 엄마보다도 더 빠르게 결혼을 한 큰딸이었다. 사위 또한 어렸지만 딸에 비하면 의젓하고 든든했다. 둘은 참 행복해 보였다. 마냥 행복해하는 자식을 보면서 내 마음 한쪽은 왜 그렇게도 짠한 마음이 들던지….

패션에 대해 공부하고 싶어서 대학도 패션디자인학과에 합격을 했을 때 너무나 기뻤다. 이제 능력을 발휘하면서 멋진 패션스타일리스트가 되겠구나 생각했다. '잘했다. 잘했어.'라고 격려와 응원을 보냈다. 그러나 얼마 되지 않아 비보가 나에게 날아왔다. "엄마. 나, 자퇴했어요." 정말 자식에 대한 걱정이 끊이지 않았다. 자신의 미래가 달려 있는데 심사숙고해서 결정을 하지 않고 기분 나쁘다고 자퇴서를 제출하고 대학을 포기하는 그 방법이 너무나 마음에 들지 않았다. 이제 어떻게 하려고 하는지 딸에게 물었다. '이제 뭐 하면서 지낼래?', 딸은 '그냥 알바나 하면서 생각해볼래요.'라고 했다. 내 가슴은 찢어지게 아팠다. '부모가 잘못한 결과이구나. 부모가 책임을 다 하지 못한 결과가 바로 이런 것이구나. 부부가 머리를 맞대고 아이들을 귀하게 대접하고 키워야 하는데 자녀의 미래는 생각도 하지 않고 이혼한 결과구나.' 하면서 나의 죄책감은 깊이를 모르는 땅속으로 꺼져갔다.

큰딸은 대학을 포기하면서 정체성 혼란으로 힘들어했다. 내가 무엇을 해야 하는지, 어떻게 살아야 하는지에 대한 고민과 방황이 오래갔다. 방황하지 않는 사람이 있을까? 부모 이혼 후 상실감과 공허함에서 아직도 헤어 나오지 못하는 딸이 너무나 안타깝고 미안한 마음이 들었다. 성인이 된 지금, 자신의 삶을 다시 바라볼 때이다. 내가 가장 사랑하는 일이 무엇일까? 내가 가장 열정적으로 느끼는 일이 무엇일까? 새로운 일에 도전도 해보고 자신의 삶을 다시 바라보는 자세가 너무나 절실히 필요한 큰딸이었다. 새로운 공부에 빠지길 바랐다. 혼자 공부하는 방법을 몰랐던 큰딸은 외모 가꾸고 친구들 만나서 노는 쪽으로 공부했다. 자신의 내면을 꽉 채우는 공부를 하지 않을 때의 허전함과 공허함은 어느 누구도 해결해줄 수 없는 것이다. 외적인 부분에만 치중하게 되면 더욱 불안해지고 만족한 삶을 살 수 없다. 그렇지만 엄마가 생각하듯이 자녀들의 방황이 무의미한 시간은 아닐 것이다. 공부하지 않고 놀기만 하는 그 시간에도 느끼고 깨닫는 무엇인가가 있을 것이다. 중요한 것은 그 깨달음을 내 것으로 만드는 것이다. 이런 과정이 부족한 딸은 이때 횡단보도 남자를 만난 것이다. 일상을 대하는 자세가 매우 긍정적이고 삶의 목표가 명확한 사위였다. 때론 아빠처럼, 오빠처럼 든든한 응원군인 남편으로 딸에게 아낌없이 사랑을 주고 있다.

'그래. 대학을 꼭 다녀야 할까? 마음에 맞는 남자를 만났는데 일찍 결혼해서 가정을 꾸려 나가는 것도 나쁘지 않아.'라는 생각을 했다. 이렇게 우여곡절 끝에 결혼하는 딸에게 '그래, 잘했다. 엄마는 너의 결정을 존중해.'라고 축하 인사를 했다.

막내딸은 수시 원서를 6군데 대학에 제출했다. 첫 번째 대학인 K대학교에 가서 실기를 보던 날이었다. 실기 시험을 보기 위해 양손에 재료들을 잔뜩 들고 실기실로 들어가는 딸의 뒷모습을 보면서 '파이팅!'이라고 두 주먹을 불끈 쥐며 응원해주었다. 나도 미술대학에 진학하기 위해 실기 시험을 치렀던 기억이 난다. 내가 대학을 들어갈 때 미대 입시는 석고 뎃생(소묘)과 수채화가 실기 주제였다. 제한시간은 3시간이었다. 이 순간을 위해 몇 년씩 미술 공부를 했던 나였기에 실수하면 안 된다는 생각을 갖고 최선을 다해서 그렸다. 손이 안 보일 정도로 긴장하면서 완성하고 제출하고 나올 때의 희열이랄까? 기쁨이 상당했다. 막내딸은 '어떻게 그리고 나올까? 잘할 거야~. 완성을 꼭 해야 하는데~.' 하는 기대 반 걱정 반이었다. 3시간 동안 기도하는 마음으로 기다렸다. 끝나는 시간이 되어 출입문 쪽으로 목을 길게 빼고 바라보고 있는데 막내딸이 보였다. 첫 번째로 나온 것이다. 어떻게 이렇게 빨리 나오지? 그것도 여유 있게 웃으며 나왔다.

"딸! 완성은 한 거지?"
"물론이지."
"그래~ 대단한데."
"고생했다."

실기 결과는 학원에서 알 수 있었다. 실기 시험을 본 그림에 붙어 있는 라벨에 딸의 수험번호와 실기 등수가 선명하게 보였다. 막내딸은 처음으로 응시한 K대학교 실기 시험에서 1등을 했다. 지하철에서 맹인과 맹인견을 그린 딸의 그림은 따뜻한 감성이 돋보였다. 딸은 실기 시험 볼 때 "교수님들이 내 그림 옆에서 한참을 서 있으면서 그림을 보고 갔다."고 했다. 미술교사인 나의 눈에도 표현력은 그렇게 뛰어나지 않았지만 주제와 너무 잘 어울렸고 사람과 동물간의 따뜻한 마음이 보였다. 안내견은 아무 말 없이 불편한 몸을 가진 주인을 믿어주고 길을 인도해주고 있었다. 딸의 그림은 테크닉보다는 아이디어가 돋보였다. 그 아이디어에 후한 점수를 받은 것 같았다.

나머지 5군데 시험장은 혼자서 가겠다고 했다. 힘들 것 같았는데 용기 있는 모습에 박수를 쳐주었다. 처음으로 가는 시험장을 버스 타고 택시 타고 하면서 아슬아슬하게 입실한 시험장도 있었다고 했다. 힘들었지만 실기 시험을 잘 마무리한 딸에게 격려의 박수를 보냈다. 막내딸은 실기 점수 1등을 한 대학을 선택하지 않았다. 나는 딸이 어느 대학을 선택하든지 응원해주기로 했다. 힘든 실기 시험을 마치고 집에 와서 책을 본다. 자식이 셋이나 있어도 신기한 풍경이다(웃음). 자신의 미래를 차분하게 준비하는 막내딸이 너무나 대견하다.

눈물로 세월을 보내며 힘들게 살았을 때 나는 아이들에게 많이 집착했던 것 같다. 엄마가 행복해야 자식도 행복하다. 자식들의 꿈을 응원한다. 자식들의 미래는 부모가 뒤에서 바라봐줄 때 능력껏 힘차게 달려 나갈 수 있을 것이다. 자녀들이 성장해가는 과정에서 좀 마음에 들지 않고 미흡해도 기다려주고 지켜봐주자. 힘들어하면 용기를 주고, 잘하든 못하든 격려해주고, 부모가 보기에 미래가 불투명한 일을 선택해도 믿어주고 박수를 보내자. 그것이 자식의 인생인 것이다. 부모는 자식의 인생을 대신 살아줄 수 없다. 나는 딸들의 결정에 아낌없는 찬사와 박수를 보낸다.

4
오십이 넘어
시작하는 자기계발이
진짜 공부다

1
재미있게 나이 들고 싶다면 지금부터 공부해라

초등학교 6학년 여름방학으로 기억된다. 담임 선생님께서 가정방문을 오신 적이 있었다. 엄마와 상담하시고 담임 선생님께서는 "경선아, 공부 열심히 하고 있지?" 하시면서 나의 어깨를 툭툭 두드리며 격려를 해주셨다. 그런데 나는 그 손길이 싫었다. 담임 선생님 손이 닿았다고 때수건으로 빡빡 문질렀다. 빨갛게 피부발진까지 생길 정도로 닦은 기억이 난다. 담임 선생님의 격려의 손길이었는데도 나는 기분이 안 좋았다. 그 뒤로 나는 살이 드러나는 옷을 잘 입지 않았다. 심지어는 피부가 하얀 게 너무 싫어서 딸아이를 임신했을 때도 '피부야 까매라…, 까매라….' 하며 태교를 했을 정도였다. 아버지 피부를 물려받은 나는 피부가 무척 하얗다. 나는 학창시절에도 피부색 때문에 눈에 잘 띄어서 질문을 많이 받았다. 중학교 수업시간에도 그 많은 학생들의 이름을 모르셨던 교과 선생님께서도 "뒤에서 두 번째 얼굴 하얀 애. 일어나서 대답해봐." 하시는 거였다. 답을 알았다면 좋았을 텐데 대답을 못하고 자리에 앉은 적이 한두 번이 아니었다. '예쁘다', '여성스럽다', '흰 피부에 얼굴이 참 곱다', 이런 말들을 많이 들으면서 성장하고 젊은 시절을 보냈다. 그러나 나는 거부했다. 듣기 싫었다. 그런 말을 들으면 '감사합니다.' 하면 될 텐데 나는 받아들이지 않았다. 부정적인 생각을 많이 가진 나는 그렇게 말하는 사람들이 싫었다. '관심 끊으세요!' 하고 혼잣말을 많이 했다.

이혼 후에도 나는 더욱 나를 감추었다. 여자로서 40대의 아름다움을 표현하면서 살아도 너무나 짧은 시간이었는데 드러내는 것을 원하지 않았다. '이혼녀가 경망스럽네~. 이혼녀가 그렇지 뭐. 원래 이혼녀들의 느낌 있잖아.' 나에 대한 나쁜 감정이 있다고 생각했고, 관심을 받는 것조차 너무 부담이었다. 나는 나의 여성성을 최대한 감추고 어떠한 끼(?)가 보이지 않도록 원천봉쇄하는 수준으로 살았다. 그런데 감춰지지 않는 게 있었다. 눈빛이었다. 나는 웃을 땐 눈까지 웃는다. 그래서 친구들이나 동료 교사들 조차도 "눈웃음 치는 것 봐~." 이런 말까지 들었다.

이혼 후 나는 그 흔한 여행을 자유롭게 할 수도 있었는데 꿈도 꾸지 못했다. 타인의 시선이 너무 무서웠다. 그냥 내가 만든 또 하나의 감옥에서 사람들과의 단절된 시간을 보내왔다. 연애도 마음껏 할 수 있었는데 남녀가 연애를 하면 무조건 끝은 상처라고 생각되었다. 몸이 더럽혀진다는 생각도 있었고, 남편이 없는 여자라 생각해서 함부로 대하는 것 같아 싫었다.

노란 안경을 쓰면 세상은 노랗게 보이고 빨간 안경을 쓰면 빨갛게 보인다. 생각을 바꿔야 한다. 그래야 바뀐 세상을 만날 수 있다. 나를 특별하게 봐준 사람들에게 감사함을 가져야 한다. 오십 전에는 몰랐던 나의 성적 에너지를 전환하는 공부를 하자. 매력적인 나를 발견한다. 나의 특별한 목소리, 나를 더욱 돋보이게 만드는 복장, 밝고 긍정적인 모습의 표정, 자신감 넘치는 자세, 나를 찾기 위한 공부가 시작되었다. 이제 중년이 되고 보니 매력 있는 내가 보이기 시작했다. 앞으로 나는 여성성을 거부하지 않고 온전히 받아들이며 살 것이다. 이제는 나를 가장 돋보이게 하는 의상도 챙겨 입는다. 우아함을 맘껏 발휘하는 내 인생 공부를 시작한다. 내가 갖고 있던 원석을 보석으로 만드는 나날들을 위해 오십이라는 나이가 너무 감사하다.

지금 살고 있는 아파트에는 나만의 작업실이 있다. 작품을 하는 공간이다. 상상하며 멋진 이미지를 화폭에 담는 공간이다. 그런데 요즘은 책들이 점점 많아지고 있다. 지금 내 책꽂이에는 책들이 나와 함께 시간을 보내고 있다. 손으로 만져지는 종이책의 느낌과 책을 읽는 재미가 쏠쏠한 요즘이다. 종이 책 10장을 넘기지 못한 내가 이제는 하루에 책 1권을 거뜬히 읽는다. 나는 도서관에서 다른 사람이 읽던 책은 별로 좋아하지 않는다. 오늘도 나는 인터넷 서점에서 읽고 싶은 책 10권을 구매해서 택배로 받았다. 택배 상자를 여는 순간 나는 '나에게 와줘서 너무 고마워. 나의 사랑스런 책들아~.' 하면서 인사를 하고 책을 읽기 시작한다.

나는 어렸을 때부터 공부에 대한 강박이 좀 있었다. '공부를 잘해야 해.' 어떤 공부든지 열심히 해야지 성공한다는 생각을 늘 했던 것 같다. 4남매 중에서 나는 제일 공부를 못했다. 나는 왜 언니처럼 잘하지 못할까? 왜 나는 동생처럼 상을 많이 못 탈까? 나 스스로 형제들과 비교하면서 나는 머리도 나쁘고, 공부도 못한다는 열등감을 갖고 성장했다.

요즘 특별한 나를 위해 무언가를 배우고 싶어졌다. 열등감을 발전의 기회로 삼고 싶어졌다. 남과 비교해서 생기는 불편한 감정들을 버리자. 이제는 자기 자신을 제대로 알아야 한다. 재미있게 나이 들고 싶은가! 그렇다면 제대로 나를 알아야 한다.

평소보다 조금 일찍 일어나보자. 하루 24시간에서 자기계발을 할 수 있는 시간을 만들어야 한다. 이제 노트 한 권을 준비하고 책상에 앉아보자. 눈을 감고 나를 생각해보자.

첫째, 가장 하고 싶고, 갖고 싶은 게 있는가?

둘째, 무엇을 하면 가장 즐겁고 행복한가?

셋째, 어떤 사람이 나와 가장 친하게 지내는가?

넷째, 나에게 가장 많은 영향을 끼치는 사람(물건)은 누구인가? 있다면 어떤 면이 좋았고 영향을 받고 있는가?

다섯째, 가장 싫은 사람은 누구인가? 있다면 무엇 때문에 싫은가?

이 외에도 자신에 대해 생각나는 게 있다면 모두 써보자. 상상해보자. 천천히 생각하고 상상하자. 조급한 마음을 버리고 천천히 상상하는 것이 무엇보다 중요하다. 조금씩 떠오르는 장면과 생각들이 있으면 종이 위에 적어보자. 나에 대해서 쓸 것이 많은가? 아니면 한 줄도 쓰지 못했는가? 누구보다도 나를 잘 알 것 같아도 막상 생각하고 쓰려고 하면 깜깜해진다. 나도 그랬다. 나에 대해 한 줄도 쓰지 못했다. 내가 무엇을 좋아하고 무엇을 싫어하는지 정확하게 알지 못했다. 이제 나는 내가 하고 싶은 것을 망설임 없이 시작해본다.

첫 번째, 내가 집안에서 춤을 출 수 있는 작은 면적 확보하기.

움직이고 싶었다. 몸을 움직이지 않으면 우울해지고 병이 생긴다. 이 세상은 건강한 사람들 것이기 때문에 뺏기면 안 된다. 내 집은 안방 문만 열면 십자 형태의 공간이 나온다. 댄스를 할 수 있는 충분한 공간이다. 나는 음악을 들으며 감정을 담아 자주 춤을 춘다. 내가 춤추는 장면을 영상으로 담아서 감상도 하고 춤에 대한 공부를 시작한다. 나를 가장 잘 표현할 수 있는 춤은 무엇인지를 공부한다. 춤 동작에 대한 공부도 하고 공간도 마련했으니 춤을 추면 된다. 자유로움과 느낌을 담아서 춤을 추면 된다. 춤을 추는 또 하나의 다른 나를 발견한다.

두 번째, 책을 쓸 수 있는 테이블 마련하기.

독서도 하고 좋아하는 소품 제작을 할 수 있는 작은 공간도 좋다. 그런 공간을 확보하자. 하루를 접고 책상에 앉아서 오늘 일기를 써본다. 아무 것도 생각나지 않는 하루에는 감탄사 하나만이라도 적어보자. 느낌표(!), 물음표(?), 말줄임표(…) 등등, 또한 간단한 그림을 그려도 좋다. 하루 중 가장 많이 생각나는 이미지를 단순한 선으로 표현해보는 것이다. 컵에 있는 물이 식탁으로 쏟아진 물을 그려본다. 책 한 권을 그려도 좋다. 백 번 말하는 것보다 그림 한 컷의 전달력은 꽤 크다는 생각을 하면서 그림일기를 쓴다.

세 번째, 차 트렁크에 작은 여행 가방과 등산화를 둔다.

마음이 동하면 퇴근길에도 여행을 한다. 짧게는 주변을 드라이브해도 좋고, 길게는 1박을 하는 여행이다. 나는 삶의 여유를 찾고 책 쓰기와 그림 소재를 얻기 위한 여행을 했다.

마음에 드는 글씨를 쓰기 위해서 가장 기본이 되는 선 긋기를 매일 연습해야 한다. 재미있게 나이 들고 싶은가? 자신에 대한 공부가 끝이 나면 목표를 위한 나의 공부, 이제부터 하고 싶은 공부를 하면 된다.

생각나는 게 있는가? 종이에 적었는가? 이제 종이에 적은 내용을 큰소리로 읽어보자. 그리고 시작하면 된다.

속삭임Ⅱ | 20×35cm | 종이 담채 | 2019

2
오십이 넘어 시작한 자기계발이 진짜 공부다

자신의 마음을 알았다면 이제는 내 몸을 알아야 한다. 자기계발 두 번째는 '내 몸 알기.'이다. 또한 제 2의 인생을 건강하게 살기 위한 첫걸음이다. 내 몸 알기가 시작되었다. 쉼 없이 달려오기만 했던 지난 50년의 시간. 나는 상황을 예민하게 받아들이면서 스트레스를 내 몸 안에 쌓아두는 형이었다. 일상이 힘들다 보니 자꾸만 부정적인 생각으로 세상을 바라보았다. 육아와 직장생활을 함께 하면서 집에서도 쉬지 못하는 패턴이 반복되었다.

작은 풍선 안에 계속 바람을 불어넣으면 어찌 되는가? 곧바로 그 바람의 양을 견디지 못해 터지고 만다. 나의 암도 그렇게 내가 만든 것이다.

내가 어려운 상황을 이길 수 있는 내면의 강한 힘이 없었다. 긍정적인 마음이 없었다. 긍정적이고 좋은 것들을 끌어당기는 힘은 없고 밀어냄의 법칙이 나의 삶을 지배했다.

세상을 살아가면서 어찌 좋은 일만 있을 수 있겠는가? 자신의 인생을 살아갈 때 좋은 일, 나쁜 일이라고 구분하지 않고 시험문제처럼 한 문제씩 풀어가면 된다. 어려운 문제도 있으면 해답을 보고 풀고 쉬운 문제는 그냥 풀면 된다.

모든 것을 혼자 감당하다 보니 우울증도 오고 암이라는 큰 병도 얻은 게 아니었을까 생각한다. 병은 조화가 깨질 때 찾아온다. 마음과 몸의 상태가 완전하지 못할 때 신호를 보낸다. 피곤한 날이 잦아지고, 아무것도 하기 싫을 때가 많아지면서 내 몸은 균형과 조화가 깨진다. 이때 병은 쓰나미처럼 밀려온다.

복잡하게 생각하지 말자. 단순하게 생각하자. 어려운 문제가 앞에 나타나면 나 혼자 풀려고 하지 말고 여러 사람들에게 도움을 청해서라도 풀어나가보자.

오십을 넘고 보니 내 인생에 대해 많이 생각하게 되었다. 이전의 나보다 더욱 발전하는, 더욱 성장하는 또 다른 나를 만나고 싶었다. 그동안 뒷전으로 미루어놓았던 건강한 몸을 만들어보기로 했다. 늘 마음만 있었지 실제로 전문가를 통한 운동은 안 해보았다. 건강한 몸을 만들기 위한 목표를 세우고 운동을 시작했다. 헬스장에 등록했다. 헬스장에 가보니 운동기구들이 너무 많았다. 그 운동기구들의 사용 방법도 알아야 하고 그렇게 운동하다 보면 내 몸의 어느 부위가 좋아지는지에 대해 정확하게 알고 싶었다. 헬스트레이너에게 배우던 첫 날 나는 인바디 검사를 받았다. 그 결과 체력도 바닥, 체지방이 너무 많고 상대적으로 근육량은 너무나 적은 나의 몸 상태를 만나보게 되었다. 너무나 충격적이었다. 이렇게 저질 체력이었다니, 암수술 후 더욱 몸이 약해진 것 같다. 사실 운동은 꾸준히 할 수 있는 사람이 능력자이다. 무엇이든 처음부터 잘 하는 사람 없고 처음부터 훌륭한 몸을 가질 수 없다.

여자 나이 오십이 넘으면 노화가 빨리 진행됨을 체감한다. '나는 늙어 가는 것이 아니라 익어가고 있어.'라고 노래 가사처럼 생각하자. 좀 더 노화가 되는 속도를 늦춰보자. 건강하고 재미있는 인생을 살아야겠다는 목표를 갖고 도전하자. 이제 시작이다. 퇴근하고 곧바로 헬스장에서 운동하고 땀 흘린 후 샤워하는 기분이 너무나 좋다. '이런 맛에 운동을 하는구나.'를 조금씩 알아가는 중이다. 다리의 근육량이 조금씩 늘고 있다. 많은 욕심은 갖지 않는 게 좋다. 작심삼일이 될 수 있기 때문이다. 포기하지 말고 꾸준히 천천히 조금씩 하다 보면 좋아질 것이다.

나는 스쿼트를 처음 테스트를 받았을 땐 한 번도 하지 못했다. 지금은 많이 늘어서 30회를 해도 견딘다. 참 신기하다. 앞으로 더 열심히 하면 얼마나 몸이 좋아질지 상상이 가질 않는다. '몸짱'을 목표로 하는 운동은 지금도 계속된다. 꿈은 완결형이어야 한다.

'나의 몸은 체지방이 없는 근육질이다 / 나는 건강하다 / 내 몸은 슬림해서 옷을 입어도 스타일이 좋다 / 매일 아침에 기상할 때 몸이 가볍고 기분이 좋다 / 나는 매우 긍정적인 사람이다.'

건강하고 아름다운 몸을 생각하고 이미 이루어진 것처럼 그렇게 상상해야 한다. 그리고 매일 연습하는 것이다.

오십이 넘어서 시작하는 공부가 어떤 것일까? 사람마다 다르겠지만 가장 중요한 것은 내 몸을 건강하게 만드는 것이다. 젊음이 있고 건강할 때는 무엇을 해도 무섭지 않다. 피곤해도 잠을 푹 자고 일어나면 회복이 되는데 반해 나는 면역력이 남보다 약하다. 욕심을 갖고 하다 보면 피로가 찾아오고 그 피로가 몸에 쌓이면 회복이 느리다. 하고 싶은게 있어도 천천히 내 몸을 챙기면서 해야 한다.

자기계발은 남 눈치를 보면 안된다. 드림킬러들의 밥이 되면 안 된다. '그 나이에 뭘 해~. 나이답게 살지~. 이제 편하게 지내지~.', '너 암환자야. 무리하면 재발해. 그냥 몸이나 살피며 편하게 살아.' 드림킬러들이 주변에 너무 많다. 그 사람들의 말은 신경 쓰지 말자. 무시하자. 공자(孔子)님이 말했다.

"쉰에는 하늘의 명을 깨달아 알게 되었다(五十而知天命)."

'지천명'이란 마흔까지는 자기 생각에 머물러 있다가 쉰이 되면서 하늘의 뜻을 알고 순응하는 삶을 살게 된다는 뜻이다. 자신을 객관적인 생각으로 볼 수 있고 보편적인 경지를 알게 되는 나이인 것이다. 앞 자만 '사' 자에서 '오' 자로 바뀌었을 뿐인데 세상을 바라보는 마음이 완전히 달라졌다. 정말 신기한 오십이다. 오십은 제2의 인생을 살기 위한 첫 단추인 것이다. 첫 단추를 잘 채우자. 조급함을 버리고 내가 하고 싶은 진짜 공부를 오십이 넘은 지금, 시작한다. 제2의 인생을 위한 도전을 시작하자.

못다 이룬 꿈 패션 디자이너!

고등학교 때 미술 선생님께서 나에게 디자인을 해보라고 하셨다. 이화여대 디자인과에 원서를 내보자고 하신 적이 있었다. 그러나 오빠도 서울로 대학을 못 갔는데 안 된다며 엄마는 나를 서울로 보내주시지 않고 지역 대학을 다니라고 하셨다.

나는 디자인에 재능이 있었다. 의상이나 글씨 등에 다양한 디자인을 입히는 것을 좋아한다. 어릴 때도 종이인형을 만들고 그 인형에 여러 가지 옷을 만들어 입히는 것을 하면서 놀았다. 나는 엄마의 거절(?)로 나의 진로가 바뀌긴 했지만 그 당시로서는 최선의 선택이었다.

'독특하면서도 개성이 있는 의상을 만들어 입고 싶다.'라는 생각을 자주 했다. 나의 단점을 커버하고 나의 피부색에 잘 어울리고 나를 돋보이게 하는 의상을 입고 싶다.

입고 싶은 옷들을 스케치했다. 그중에서 입고 싶은 옷은 탄성이 좋은 티에 하늘거리는 조끼 지퍼가 멋스럽게 조화를 이룬 롱 항아리 모양의 스커트, 여기에 굵은 벨트를 하고 싶다. 스커트는 면이다. 상상만 해도 즐겁다. 나의 의상을 잘 만들어줄 사람을 만나고 싶다. 나는 디자인하고 그 사람은 내 옷을 만들고 상상만 해도 너무 기분이 좋다. 강연할 때나 독자들을 만날 때 좀더 특별한 옷을 입고 활동하는 상상을 한다. 내가 입고 있는 옷은 직접 디자인한 옷이다.

멋진 의상을 갖춰 입고 강연을 한다. 많은 사람들에게 진솔한 마음으로 꿈과 희망을 주는 강연가로 활동한다.

사회나 직장에서 요구하는 스펙이 아닌 제2의 인생을 위한, 나의 행복을 위한 자기계발을 해야 한다. 내가 가지고 있는 최고의 능력은 무엇인가? 재능은 무엇인가? 찾아내야 한다. 찾아서 극대화시켜야 한다. 자기계발을 하는 것도 행복한 삶을 살기 위해서가 아닌가? 나 스스로 만족한 삶을 찾고 행복한 인생, 성공하는 인생을 살기 위함이다. 자기계발의 필수조건인 나를 알았다면 이제는 자아실현이다.

시간이 없는가? 마음이 없는가? 자기 자신이 부족하다고 생각하는가? 의식의 변화 없이는 내 인생의 변화는 없다.

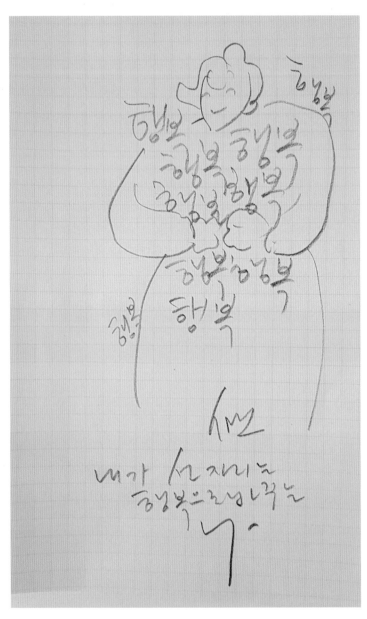

행복 | 12×20cm | 종이 연필 | 2020

3
마음을 담은 글씨, 캘리그라피와 만나다

비가 억수로 오던 어느 여름. 친한 동료 교사가 여행을 가는데 많이 걱정되서 카톡으로 문자를 보냈다.

"비가 많이 옵니다. 조심하시고요."
"안전운전하시라고 제가 그림 보냅니다."
"……."
"글씨가 그림이네요. 감사합니다."

안전한 여행길이 되라고 '길'이라는 구불구불한 'ㄹ'자음에 조그만 자동

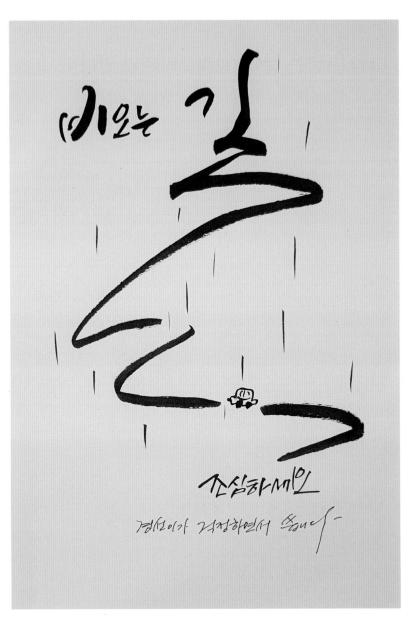

비오는 길

조심하세요

경선이가 걱정하면서 씁니다

안전운전 | 20×30cm | 종이 먹 | 2018

차와 함께 비가 내리는 장면을 그렸다. 한 줄의 문자보다 마음을 담은 캘리그라피는 사람의 마음을 감동시키기에 충분했다. 언제부터인가 그림 속에 글씨를 쓰기 시작했다. 다시 말하면 글씨 속에서 이미지를 찾고 내 마음을 담아 글씨를 쓰기 시작했던 것이다. 하얀 화선지 위에 먹물로 써 내려가는 글씨는 그림이 되었다. 나는 그림 그리고 글씨 쓰는 것을 참 좋아한다. 작은 노트와 여러 가지 펜들이 들어 있는 필통은 내 가방 속 필수품이 된 지 오래다.

캘리그라피(calligraphy)는 그리스어에 어원을 두고 있으며 '아름답다(Kallos)'와 '필적(graphy)'의 합성어로 '글이 가지고 있는 뜻에 맞게 아름답게 쓰다.'라는 사전적 의미를 담고 있다. 우리나라 국립국어원에서는 '멋글씨' 또는 '멋글씨 예술'이라는 순화어를 제안하기도 했다. 캘리그라피는 다양한 도구를 사용하여 자신의 마음을 담아 아름답고 독창적으로 표현하는 예술 글씨이다. 2000년대 들어와서는 대중들에게 인기를 얻으며 손으로 쓰고 만드는 것을 좋아하는 현대인들에게 주목을 받으면서 많은 사랑을 받고 있다. 인터넷 검색창에 '캘리그라피'를 치면 무수히 많이 쏟아지는 좋은 글들을 보았다. 좋은 글들을 보면서 나는 글씨 쓰기에 밤낮이 없었다. 글씨 사랑이 남다른 나는 평생학습원에서 조금 배우다가 전문적으로 활동하는 강사에게 개인지도를 받으면서 내 글씨는 더욱 안정되고 발전했다.

은행에 근무하는 사위에게 장모의 입장에서 처음으로 선물을 했다. 아직도 사위가 '장모님.' 하고 부르면 익숙하지 않고 어색하다. 그래도 사위 사랑은 장모라고 했던가? 더운 여름을 시원하게 보내라고 30개 부채에 손글씨를 써서 직장으로 보냈다. 택배가 도착하고 부채가 보이는 순간 은행 직원들이 탄성을 보냈다고 했다. '대리님. 부채 2개 가져도 되나요?' 하는 직원도 있었다고 했다. 서로서로 마음에 드는 것을 고르느라 약간의 다툼(?)도 있었다고 사위가 감사의 인사를 보내왔다. 내 마음을 담아서 쓴 글씨이기 때문에 감동이 전해진다고 생각한다.

나는 중학교에서 30년을 미술 교과를 가르치고 있다. 최근 3년 전부터는 학교에서 미술 동아리반 학생들과 그림(글씨) 가게를 열어 판매된 수익금으로 어려운 이웃들에게 연탄 기부를 해오고 있다. 처음 시작하게 된 계기는 꼭 연말에 돈으로 어려운 이웃을 도우란 법이 있나? 하는 나만의 질문에서 시작되었다. 학생들과 내가 가지고 있는 재능을 기부하는 것을 계획해보자 하는 생각으로 2017년부터 시작된 활동이다.

연탄 2천 장을 기부하자는 목표로 시작했다. 내 캘리그라피 글씨와 미술 동아리반 학생들의 그림을 학교 교직원과 전교생에게 판매해서 얻은 수익금으로 목표를 달성했다. 지금도 어떻게 그렇게 할 수 있었을까? 처음으로 내가 대단하다는 생각이 들게 된 특별한 행사였다.

214

글씨를 쓰기 전 주문을 받는 건 오로지 내 몫이었다. 수업이 없는 시간을 이용해 교직원 한 분 한 분 찾아가 사연을 듣고 원하는 글을 주문받는 방식으로 이루어졌다.

주문받는 내내 마음이 짠했다. 병석에 누워계시는 아버지를 위해 힘내시라고 내용, 많은 도움을 받은 친구가 있는데 그 친구가 지금 많이 아프다며 위로와 격려가 될 만한 글, 임신한 여선생님은 태어날 아가를 위해 가정에 행복한 촛불을 켜고 싶다며 초에 글씨를 써달라고 했다. 나는 주문받은 내용을 가지고 마음을 표현하는 캘리그라피와 예쁜 그림을 넣어서 주문받은 것을 모두 완성했다. 연탄 2천 장 목표치를 거뜬히 넘겨 여중생들과 함께 연탄 배달도 하고 처음으로 진행된 재능 기부를 성공적으로 마칠 수 있었다. 좋은 취지로 행사를 준비한다고 학생과 교직원들의 적극적인 참여와 관심이 있었기에 재능 기부를 할 수 있었다.

글자에 감정을 담아 표현하는 또 다른 그림 '캘리그라피'를 나는 너무 너무 좋아한다. 단어 속에 담긴 감정들을 생각하면서 쓰는 캘리그라피는 사람과 사람을 연결해주는 소통의 역할을 해줄 뿐만 아니라 불행했던 과거로 힘들고 괴로워하던 나에게 많은 위안과 행복을 안겨준 고마운 글씨다. 미술을 전공한 대학 친구는 '캘리그라피를 돈 주고 왜 배우니?' 미술교사가 돈을 주고 뭘 배우냐고 하면서 그냥 우리 실력으로 써도 된다고 했다. 나는 그 친구의 생각과 달랐다. 탄탄한 기초가 수반되어야 아름다운 글씨를 쓸 수 있다고 생각했다.

'웃자'라는 단어를 써보자. '웃'이라는 글자에 팔을 크게 벌리고, 에너지가 넘치는 웃음 속에 아이처럼 뛰어노는 모습도 담을 수 있다. 인터넷에서도 자주 볼 수 있는 단어이다. 그렇지만 글씨를 쓰는 사람의 필력과 감정이 함께 할 때 안정적이고 멋진 캘리그라피가 탄생하는 것이다.

그동안 나의 마음을 달래주었던 단어들을 소개해본다.

'행복, 꽃 같은 나, 기분 좋은 하루, 미안해, 고마워, 사랑해, 하늘을 날자, 나를 바꾸자….'

수많은 단어와 좋은 문장들을 쉼 없이 쓰고 또 썼다. 쓰면 쓸수록 내 마음에 평화가 찾아왔다. 눈물이 날 때도 많았다. 글자 하나만 썼을 뿐인데 감동을 받았다. 난 단순히 글자를 쓰는 게 아니었다. 캘리그라피가 갖고 있는 힘에 매료되었다. '꽃'이라는 단어에도 힘없는 꽃이 되기도 하고 활짝 핀 꽃 같은 느낌이 들 때도 있고 춤추는 꽃이 되기도 하는 글씨에 매력에 나는 흠뻑 빠지게 되었다.

좋아하는 단어가 많지만 그중에 '봄'이라는 단어에서는 나에게 새 인생

웃자 | 30×38cm | 화선지 먹 | 2020

을 살아가라는 무슨 암시 같은 게 느껴졌다. '내 인생에 봄이 찾아올 것
같다. 찬란한 봄을 맞이할 것 같다.'라는 생각이 끊이지 않았다. 봄에는
새싹이 있고 꽃이 있고 살랑살랑 흔들리는 바람과 공기가 있다. 목이 긴
'봄'은 따뜻한 햇볕을 향해 있다.

오른손이 아파서 왼손으로 쓸 때면 또 다른 느낌의 글씨가 나왔다. 재

미있게 써진 글씨를 보며 웃고 행복해질 때가 많았다. 또한 다양한 재료에서 느껴지는 느낌은 모두가 달랐다. 붓, 펜, 연필, 크레용, 나무젓가락, 털실 등 사용하지 못할 재료가 없었다.

나는 언제부터인가 글씨 선물을 자주했다. 동료 교사 간에도 고마운 일이 있으면 '고맙습니다.'라고 글씨를 써서 하트까지 그려서 주면 나는 더 큰 선물을 받곤 했다. 동료 교사들의 교무실 책상 앞에는 내가 써준 캘리그라피들이 붙어 있다. 봄도 있고, 행복도 있고, 사랑도 있다.

캘리그라피를 돋보이게 하는 또 다른 이유는 그 속에 작은 그림이 있기 때문이다. 나는 그림도 그릴 수 있다. 단어와 어울리는 그림을 함께 넣으면 캘리그라피가 훨씬 멋지고 완성도 있는 작품의 느낌까지 든다. 나는 이 글을 쓰면서 또 하나의 꿈이 생겼다. 캘리그라피스트로서 전시회도 할 것이고, 캘리그라피에 대한 책도 쓸 것이다.

내가 힘들고 지치고 우울할 때 나를 위로해주던 글씨! 캘리그라피! 글씨의 매력을 절대로 잊을 수가 없다.

사람이 인생을 살다 보면 인연이 있다. 그것이 사람이건 동물이든 또 어떤 물건이든 나에게 각별한 인연이 있다고 생각된다. 캘리그라피라는 글씨의 인연으로 나는 새로운 삶이 시작되었다. 우울함에서 헤어나오지 못했을 때 하루 종일 글씨를 쓰면서 위로 받았다.

'기운내, 힘내.'의 마지막 획을 길게 늘어뜨리면 물에 돌을 던지면 생기는 파동이 그려진다. 나는 그렇게 글씨에게 위로 받았다.

난 캘리그라피를 사랑한다. 사람을 만나기 꺼려지고 힘들어할 때 글씨를 선물하면서 자연스럽게 사람들과 소통하게 되었다. 또한 나의 숨어 있는 능력을 찾아서 재능 기부라는 놀라운 선물도 받았다. 고인 물처럼 답답하기만 했던 내 인생은 캘리그라피를 만나면서 논둑에 물이 쏟아지듯 또 다른 세상으로 도전하는 기회도 얻었다. 글씨에게 큰 사랑을 받은 만큼 나는 좋은 글씨를 쓰는 사람으로 많은 사람에게 행복을 선물하며 살 것이다.

커피사랑 | 15×20cm | 종이 붓펜 | 2018

행복한 봄 | 35×50cm | 장지 분채 | 2019

4
나를 위해 자기계발은 최고에게 배워라

캘리를 배우기 위해서 왕복 4시간 거리를 다녔다. 배움에 대한 갈증은 대단했다. 책을 보면서 난 혼자서 연습을 많이 했다. 혼자서 쓰다 보니 뭔가 부족함을 느꼈다. 전문적인 능력이 있는 선생님께 배우고 싶은 마음이 들었다. 붓으로 글씨를 쓰면 필력의 차이가 많이 난다. 그 필력을 배우고 싶었다. 수소문 끝에 서울에서 활동을 하는 분인데 청주에서 딱 이틀만 수업을 한다고 했다. 나는 바로 등록했다.

제천에서 청주까지는 차로 1시간 50분 정도 걸린다. 안전운전을 하는 나는 주차까지 2시간이 걸렸다. 나는 기초반으로 수업을 받았다. 내 실력은 기초반은 아니었지만 서울 선생님의 가르침을 받기에는 기초부터 다시 하는 게 맞다고 생각했다. 51시간 과정이었다. 일요일 오전 10시! 운전하는 것을 좋아하지 않는 나였지만 배움을 위해 기분 좋은 드라이브를 했다. 왕복 4시간이었다. 힘이 들 법도 하지만 배움이 있다는 것에 힘든 줄도 몰랐다.

붓글씨를 쓸 때 붓이 중봉이 되어야 한다. 중봉은 붓을 꼿꼿이 세워서 쓰는 것을 말한다. 어깨의 힘을 **빼고** 팔 전체로 글씨를 써야 한다. 정통 붓글씨와 캘리그라피는 약간의 차이가 있지만 기본 맥락은 같다. 붓이 한쪽으로 치우치면 선이 지저분해진다. 마음이 한쪽으로 치우치지 않도록 중심을 잡고 살아가야 하는 원칙과도 일치한다. 기본을 알지 못한 채 겉멋만 표현하는 글씨들이 얼마나 난무하는가? 그런 글씨를 보고 있으면 눈과 마음이 피곤해진다.

서울 선생님이 붓을 잡았다. 하얀 화선지에 먹물이 번지는 순간 선에서 감정이 보인다. 선이 글씨가 되고 그림이 되는 순간이다. 필력과 감성이 훌륭한 선생님의 글씨를 보면서 감탄을 했다. 귀한 채본을 가지고 집에서 끊임없이 연습하고 또 연습했다. 글씨를 보면 사람의 마음을 알 수 있다. 나는 마음의 거울을 열심히 닦아 나갔다.

캘리그라퍼 강병인의 저서『글씨 하나 피었네』가 있다. 책 제목이 너무나 마음에 들었다. 글씨가 꽃이 되었나? 사랑이 되었나? 여러 가지 생각을 하게 만드는 제목이었다. 강병인은 1990년대 말부터 서예와 디자인을 접목해 캘리그라피, 즉 전통의 현대적 재해석을 통해 한글의 아름다움을 알리고 있는 분이다. 2016년에 만난 이 책 첫 장에 나는 '찾으면 보이나 보다. 이제야 내가 찾던 이쁘고 소중하고 멋진 책을 찾았다.'라고 썼다. 범접할 수 없는 예술혼이 느껴지는 글씨들로 가득했다. 이 책을 교재 삼아 많이 공부했다. 강병인 작가님께 글씨를 배우고 싶어졌다. 연락을 해보니 아직 일반인들은 배울 수 없다고 했다. 프로 디자이너들에게만 기회가 있는 것 같아 조금은 아쉬운 마음이다. 기회가 오길 바란다.

나의 자기계발 정점은 책 쓰기다. 나의 책 쓰기에 대한 사랑은 2001년도부터 시작되었다. 괴산에 있는 선유동 계곡을 간 적이 있었다. 9곡이 절경이다. 퇴계 이황이 아름다운 경치에 반해 9달 동안 돌아다니며 9곡의 이름을 지었다고 전해온다. 그만큼 경치가 빼어나다. 선유동은 봄의 기운을 한껏 머금고 있는 5월의 자연이었다. 한참을 걷다가 내 발이 멈추던 계곡 바위 틈에 철쭉꽃이 보였다. 아름답고 신비하기까지 했다. 바위 틈에 홀로 피어 있는 철쭉이 난 너무나 아름다웠다. 아주 작은 노트를 갖고 있었는데 펜이 없어서 볼펜으로 그렸다. 그때 그 곳의 풍경을 간단한 선으로만 스케치했는데 그 여백에 글을 썼다.

구름이 지나간다 / 물이 흐른다 / 살며시 얼굴 내민 철쭉 / 고와라 고와라 스케치는 힘없이 그렸는데 4줄의 글은 그날의 감동을 보여주기에 충분했다. 지금 봐도 그날의 철쭉이 보이는 것 같다. 이때부터 내 그림과 글씨가 들어간 책을 쓰고 싶었던 게 아닐까 생각된다.

우리나라에서도 유명한 화가들은 자신의 개인 저서가 있다. 김점선 화가는 『10cm 예술』이라는 자전적 에세이를 담은 책을 출간했다. 암으로 세상을 떠난 화가이지만 나에겐 그녀의 파격적인 글과 그림을 잊을 수 없다. 자신의 화가 인생에 대해 진솔한 이야기를 썼다. 막연하게나마 나도 이런 책을 쓰고 싶은 마음이 들었다.

2018년 어느 날 나는 임원화 작가의 『한 권으로 끝내는 책 쓰기 특강』을 숨도 쉬지 않고 읽었다. 책의 마지막 장을 넘기는 순간 눈물이 핑 돌았다. '바로 이거구나, 내가 그토록 찾았던 나의 길.' 나는 책 쓰기에 대한 강한 열망 앞에 새벽 시간인데도 잠을 잘 수 없었다.

'내 그림이 들어가는 책을 쓰자.' 하는 간절한 소망을 갖게 되었다. 나는 평생학습원에서 배우려고 교육 과정을 살펴보고 집 근처 학원도 알아보았다. 여러 곳을 다니면서 느낀 게 한 가지 있었다. 싸고 좋은 곳은 없다. 필력도 없는 사람에게 붓글씨를 배울 수 없는 것처럼 나의 책 쓰기는 최고에게 배워야겠다는 생각을 하게 되었다. 책 쓰기 관련 도서들이 소개하고 있고, 도움을 받았다고 하는 인터넷을 활용해보기로 했다. 인터넷 서핑을 하던 차에 눈에 띄는 카페가 있었다. 〈한국책쓰기1인창업코칭협회〉였다. 가장 먼저 눈에 들어온 것은 운영자 경력이 놀라웠다. 8년간 100억을 벌었다. 그동안 900여 명의 작가를 배출했다. 대표를 따라 다니는 수식어가 엄청났다. 카페에 들어가 게시판에 올라온 글들을 읽어보았다. 정말 소름이 돋는 놀라움이 있었다. 나는 궁금증과 기대감으로 카페에 가입했다.

〈한책협〉 김태광 대표는 내공이 대단했다. 강의를 하려고 나오는 모습에서 아우라가 엄청났다. 넘치는 끼와 특별한 능력의 카리스마가 느껴졌다. 뛰어난 재치와 입담으로 공부법, 성공학, 책 쓰기 코치, 출판 기획 분야에서 우리나라 최고의 자리에서 영향력을 펼치고 있었다. 〈대한민국기록문화대상〉, 〈대한민국신창조인대상〉, 〈대한민국공감브랜드혁신경영대상〉, 〈대한민국혁신대상〉, 〈책 쓰기코칭부문대상〉 등 수상 이력이 엄청나다. 김태광이라는 최고 실력자에게 나는 책 쓰기를 배웠다. 성공자의 두뇌를 활용하자. 창작도 모방에서 시작된다. 그동안 읽지 못했던 책들을 접하면서 나는 그동안 너무나 부족했던 자신감과 자존감이 향상되었다. 부족하고 어색한 내가 쓴 문장들은 대표의 첨삭 지도를 받고 나면 물 흐르듯 자연스러운 문장으로 바뀌었다. 설레고 기대되는 하루였고 배움이 이렇게 행복할 줄 예전에 미처 몰랐다.

영화 〈기생충〉으로 92회 아카데미 시상식에서 감독상을 수상한 봉준호 감독은 "영화를 시작할 때부터 '가장 개인적인 것이 가장 창의적인 것이다.'라는 말을 가슴에 새겼다."라고 수상 소감을 얘기했다. 너무나 인상 깊은 말이었다. 이런 말을 어릴 때부터 가슴에 새겼다니 정말 천재인 듯했다. 만화광이었고 만화도 잘 그린 봉 감독은 만화 실력을 콘티에 쏟아부었고 고퀄리티 콘티가 탄생했다고 했다. 최고의 감독과 최고의 연기자가 만났다. 영화가 최고가 되는 것은 당연한 것이다.

나의 최고 멘토는 누구일까? 자신의 인생에서 은인을 만날 수 있는 확률이 얼마나 될까? 나의 재능을 알아봐주고 최고가 될 가능성이 있다고 믿어주는 사람, 그 사람에게서 용기와 격려를 받는다면 그보다 좋을 수는 없을 것이다. 내 인생의 기둥 역할을 하는 나, 멘토 그리고 의식이 삼박자를 이룰 때 내 인생은 균형이 잡히는 것이다.

내 인생의 주인공은 바로 나다. 내가 내 인생의 주인공이다. 주인공이 최고의 멘토를 만나야 빛이 나지 않겠는가? 자기계발은 최고에게서 배워야 한다. 무엇을 배우든 그 분야의 최고인 사람을 만나야 자신의 능력을 최고로 끌어올릴 수 있다. 나는 책 쓰기를 통해 나의 재능을 마음껏 발휘하면서 살 것이다. 나의 최고의 멘토 김태광 대표를 만나서 나는 최고가 된다. 최고를 직접 만나지 못한다면 책을 통해서라도 만나야 한다. 최고의 지식, 마음, 노하우 등을 나를 위해 모두 배워보자.

행복한 가로등 | 20×30cm | 종이 붓펜 | 2016

5
재지 말고 배움에 아낌없이 투자하라

'배움'의 사전적 의미는 '지식을 얻거나 기술을 익히다. 남이 하는 일을 보고 그와 같이 하다. 경험을 잘 알다. 습관이나 습성을 몸에 익히다. 배워서 익히는 배움의 정도'를 말한다.

공자는 배우는 것을 가장 좋아했던 사람이었다.

"學而時習之 不亦說乎(학이시습지 불역열호)."

"배우고 때때로 익히면 이 또한 즐겁지 아니한가?"

논어 맨 처음에 나오는 한 줄 내용을 참 좋아한다. 학창시절에 나는 공

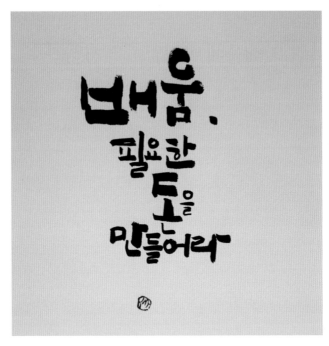

배움 | 20×30cm | 종이 붓펜 | 2020

부를 잘하지 못해 열등감이 많았다. 어찌 보면 공부에 대한 강박이었는지 모른다. 잘하지 못하는 것만을 생각하며 열등감을 가졌던 것 같다. 집에서나 학교에서나 나는 공부를 잘하고 싶었다. 왜 그렇게 공부, 공부했을까? 잘하는 사람이 있으면 못하는 사람이 있는 건 당연한 것인데 말이다. 대학에 다닐 때도 주말 휴일도 없었다. 실기실에서 끊임없이 그림 실력을 다지는 데 노력을 게을리하지 않았다.

내가 생각하고 손을 통해서 무언가를 이룰 때의 성취감은 이루 말할 수 없이 기뻤다. 그래서일까? 결혼하고서도 하고 싶은 게 많았는데 할 수 없었다. 감옥에서 무엇을 할 수 있었을까? 정신력이 강한 사람은 그곳이 감옥이든 그보다 못한 곳이든 지혜롭게 삶을 살아 나갔을 것이다. 나는 내면의 힘이 약한 나머지 감옥살이라 생각하고 고통만 느끼며 생활했다. 감옥에서 나온 내가 좀 더 지혜로웠다면 곧바로 배움을 시작하는 삶을 살았을 것이다. 그랬다면 지금보다 훨씬 윤택한 삶을 살지 않았을까 하는 아쉬움과 후회가 남았다. 나는 소중한 수많은 시간들을 방황하며 불안하게 보냈다. 나는 불행한 삶을 끌어들이며 살기에 바빴다.

배움을 통해서 즐거움을 갖기 시작한 건 얼마 되지 않았다. 지금이라도 이런 즐거움을 찾았다는 게 얼마나 다행인가라는 생각을 했다.

나를 알고 싶었다. 도대체 무엇 때문에 이렇게 매번 화가 나고 속이 상할까? 근심 걱정이 떠나지 않는 나에 대해 알고 싶었다. 나는 걸었다. 계속 걸었다. 발밑을 바라보았다. 내 발 아래에 많은 것들이 지나간다. 즐거운 일이든 슬픈 일이든 인간사이다. 이 모든 것은 지나갈 텐데 과거의 시간에 얽매여 앞으로 나가지 못하는 내가 너무 안타까웠다. 내 마음을 알고 싶었다. 심리 상담센터에서 나에 대한 배움이 시작되었다. 부산에 있는 〈박노해 부부 가족 상담센터〉에 등록했다. 부산에서 2004년부터 부부 상담을 운영하고 있었다. 센터는 인터넷 검색을 통해 알게 되었다. 나는 성인 개인 상담 과정을 신청했다. 상담자와 1:1로 이뤄지는 심리 상담 과정이었다. 부부 원장 중에서 아내 원장은 나에게 이런 말을 했다.

"불완전하다고 믿었던 자신이 이미 넘치고 남을 만큼 완전합니다. 용기를 내세요."

상담을 받으면서 나는 이 세상에 태어나 최고로 많이 울었다. 수도꼭지가 틀어져 있는 것처럼 하염없이 눈물이 흘렀다. 원장님은 나에게 휴지를 건네주면서 부드러운 미소로 화답해주었다. "이렇게 어찌 살았나요~." 이 말을 듣는 순간 또 눈물이 흘렀다. 한참을 울고 나니 가슴에서 '뻥' 하는 소리가 들리는 것 같이 편안해졌다. 나를 알기 위한 배움은 이렇게 시작되고 있었다. 2018년에 다녔을 땐 꽤 허름한 건물이었다. 지금은 새로 보금자리를 만든 사진을 보니 내가 이사한 것처럼 기쁘고 반가웠다.

나의 인생아

박 박수도 쳐주고
노 'NO'도 한번 해보고
해 해! 하란 말이야! 하고 싶은 거

어느 날 인터넷 서핑을 하다가 눈에 띄는 이미지가 있었다. 센터에서 상담을 받고 나올 때 작은 선물로 드린 삼행시 글씨가 상담센터의 갤러

리에 있었다. 잊고 있었는데 내 글씨를 보니 너무나 반가웠다. 언제 시간
이 되면 찾아뵙고 싶다. 따뜻한 미소와 함께 커피 한잔 하고 싶다.

상담은 체계적이었다. 심리검사를 받고 그 결과를 가지고 1:1 상담을
하였다. 나는 센터에서 나에 대한 놀라운 사실을 알게 되었다. 내가 그렇
게 고통 받고 괴로워했던 건 내 주변 사람 때문이 아닌 바로 나 자신 때
문이라는 사실을 알게 되었다. 내가 만든 고통이었다는 것을…. 나의 외
조부님, 나의 부모님, 남편과 자식, 나의 형제를 바라보는 나의 생각은
내가 느낀 대로 아는 만큼만 설명되었다. 내가 아는 사실이 그들을 온전
하게 다 알 수 없다. 그렇지만 난 내가 알고 있는 게 전부라고 생각했고
그것이 사실이라고 믿었다. 그로 인한 많은 상처를 받은 사람은 나였다
고, 내 상처가 제일 크다고 생각했다. 힘들고 상처받은 지난 시간들, 고
통 속에서 살아야만 했던 나는 내가 만든 감옥에 갇혀 나오지를 못했던
것이다.

지금도 삶이 고통스러운 사람이 있을 것이다. 나를 알기 위한 배움을
시작할 것을 적극 추천한다. 그 어떤 배움에 도전하기 전에 반드시 해야
하는 과정이다. 전문적인 심리 상담을 통해 썩어 있는 상처 부위를 도려
내고 회복되고 치유하는 과정이 내 인생 전반에 걸쳐 반드시 필요하다.

나는 대학에서 미술을 전공했다. 미술과에서는 모든 영역을 배운다.

나는 동양화를 전공했지만 교육 과정 속에는 교육학을 비롯해서 서양화, 동양화, 소묘, 조소, 판화, 디자인, 서예, 염색 등을 모두 배웠다. 나는 모든 영역이 흥미롭고 재미있었다. 이렇게 다양한 영역을 배우고 익힐 수 있는 건 축복이었다. 이제는 대학에서 배운 학과 공부가 아닌 진짜 공부를 하고 싶었다.

그중에서도 나는 도자기에 많은 관심이 있다. 흙 만지는 것을 좋아하는 나는 학생들과 도자기 수업을 했다. 흙이 불을 만나면 완전히 다른 모습이 된다. 이 과정이 너무 신기하고 관심이 많았다.

오래전 영화이다. 〈사랑과 영혼〉에서 주인공 몰리(데미 무어)와 샘(패트릭 스웨이지)이 물레 앞에 앉아서 함께 도자기를 빚는 장면이 나온다. 사랑하는 두 사람이 흙이 묻은 손을 맞잡고 포옹하는 장면은 사랑과 영혼 전체를 놓고 볼 때 최고의 장면이었다.

흙을 만지면 마음의 평온을 찾고 기분이 좋아지며 뇌가 시원해지는 기분이 든다. 잡념을 떨치기에는 흙으로 뭔가를 만드는 과정만 한 것도 없는 것 같다. 손가락 사이에 빠져 나오는 흙을 다시 훑어내고, 꾹꾹 눌러가면서 흙에 그림도 그려보고 손의 압력을 이용해서 다양한 형태를 만들 수 있다. 하루 정도 지나고 나면 수분이 없어지면서 적당히 긁기 좋은 흙 상태가 된다. 조소용 도구가 있다. 다양한 용도에 사용할 수 있는 소조 주걱을 이용해서 흙을 긁어내거나 뚫어내거나 효과를 내면 좀 더 완성도 있는 형체가 만들어진다. 나는 이런 과정이 너무 좋다. 물레를 사용하지 않고 손으로 주물주물해서 만드는 것이지만 흙에서 오는 촉감은 불편했던 감정을 완화시키고 뭔가를 하고 싶다는 욕구도 덤으로 얻게 되는 것 같다.

다른 회화와는 달리 도자기는 색이 많이 절제된 미술의 분야이다. 흙이 갖고 있는 성질은 따뜻하다. 어릴 때 흙을 가지고 소꿉놀이를 했던 기억이 난다. 시간 가는 줄 모르게 흙은 밥이 되기도 하고 사람이 되기도 하고 집이 되기도 했다. 내가 생각한 대로 만들고 형체가 완성되어 갈수록 무척 재미있고 마음의 안정도 얻을 수 있다.

내 마음이 편해질 수만 있다면 그 어떤 것도 배울 마음이 있다. 무엇을 배운다는 것에 아낌없이 투자해라. 나의 마음을 치유하고 나를 성장시킬 수 있다고 믿는다면 과감히 투자해야 한다. 많은 돈이 든다면 필요한 만큼의 돈을 만들어라. 대출을 해서라도 돈을 만들고 배워라. 적기에 만들 수 있는 돈이 진짜 돈이다. 지금이 아니면 언제 배울 것인가? 돈은 자기계발에 써야 한다. 그렇게 만든 돈은 조만간 몇 배로 나에게 돌아올 것이다.

'여유가 생기면 배울 거야, 지금은 때가 아니야, 애들도 어리고 아직 돈

들어갈 때가 많아. 그렇게 비싸게 배운다고 뭐가 달라져? 근처에 싸게 배울 수 있는 데 알아볼 거야.'라고 생각하는가? 싸고 좋은 것은 없다. 또한 무료로 교육받는 데는 절대 가지 마라. 나를 위해서 자기계발을 하는 데 돈 잃고 소중한 시간만 잃을 뿐이다.

품 | 20×30cm | 종이 먹 | 2016

6

자기계발로 인생에 특별한 색을 입혀라

북유럽을 여행했을 때 일이다. 노르웨이 오슬로에 구스타브 비겔란의 공원이 있다. 그날은 비가 왔다. 일행들은 모두 우산을 쓰고 공원을 구경했다. 일행들은 비가 와서 아쉽다고 했지만 나는 다른 생각이 들었다. 화강암이 비를 맞으니 광택이 났다. 반짝거리며 윤기가 나는 인간상들은 나에게 감동을 주기에 충분했다. 구스타브 비겔란 조각가는 사람들의 일생에 희로애락과 가족간의 유대감, 연인들의 사랑, 아기들의 순수함 등이 수레바퀴처럼 돌고 도는 것이라고 생각하며 그 많은 인간의 삶에 대해 조각을 했다. 거대한 조각공원에 살아 있는 거대한 인간탑 모놀리트는 17m가 넘는 돌기둥을 통으로 제작했다고 한다. 돌기둥은 121명의 남녀노소가 무언가를 향해 오르는 모습의 인물조각상으로 엄청난 감동을 넘어서 충격이었다. 비를 맞으면서 인간군상을 감상하고 있는데 내 발걸음을 멈추게 한 조각상이 있었다. 부모가 자녀를 품고 있는 조각상이었다. 아빠와 엄마의 품속에서 아이는 마냥 행복하고 편안해 보인다. 특별함이 없는 조각상이었는데 한참 동안 난 자리를 뜨지 못했다. 차갑기만 한 돌은 나에게 뜨거운 눈물을 흘리게 했다. 너무 큰 감동을 받은 나는 숙소로 돌아와 바로 화폭에 담았다. 〈품〉을 그리고 행복한 아이라고 썼다.

한낱 돌에 불과한 것에 생명을 불어넣은 구스타브가 너무 대단했다. 19세기 근대 조각의 아버지인 로댕에게 탁월한 재능을 인정받고 많은 영향을 받았지만 청출어람이 따로 없었다. 조각 예술 공원을 계획하고 만들어간 40여 년의 열정적인 시간이 있었기에 지금의 예술공원이 탄생했던 것이다. 평생에 걸쳐서 조각으로 외길 인생을 걸어온 작가의 우직함과 탁월함에 존경을 표한다.

다음 여행지로는 핀란드에 독특한 기념비가 있는 음악가 시벨리우스 공원이었다. 시벨리우스는 핀란드인들에게 가장 위대한 음악가로 칭송받는 장 시벨리우스의 이름을 딴 것이라고 한다. 자작나무 숲길을 걸으며 5월의 향기를 느낄 때쯤 시벨리우스 공원의 파이프오르간 모양의 조형물이 보였다. 파이프는 내 시선을 고정하기에 충분했다. 음악가의 두

상과 파이프오르간 모양의 기념물은 공원의 하이라이트이다. 수많은 관광객들이 인증샷을 찍기에 바쁘다. 파이프를 아래에서 위로 향해 보게 되면 사람 머리 하나가 들어갈 크기의 넓이도 있다. 그 속에 머리를 넣고 소리를 질러보았다. 내 귀에 들려오는 소리들에 귀를 기울여본다. 자작나무들이 흔들리는 소리인가? 바람이 부는 소리인가? 파이프 사이로 들려오는 소리에 잠깐 정신이 나갔다. 동서남북 위치에서 바라보는 파이프 조형물은 전혀 다른 느낌으로 와 닿는다. 24톤이라는 상상할 수 없는 강철들이 파이프 형태를 잡고 조형물로서의 가치가 되기까지 얼마나 많은 사람들이 이 과정에 연결되어 있을까를 생각했다.

오케스트라가 연주될 때도 지휘자는 연주자들을 통제한다. 각자의 악기에서 나는 소리들을 보다 아름답고 감미롭게 감동적인 연주를 하게 한다. 지휘자의 손놀림과 의식은 연주자들에게 고스란히 전해진다. 음악가들의 연주 소리가 들리는 듯했다.

작사가들은 자연에서 받은 느낌을 단어로 만들어내고, 세상에 흩어져 있는 소리들을 작곡가들은 자신의 예술적 영감을 받아 새롭게 탄생시킨다. 이 소리에 색을 입히는 것은 악기이고 연주가이고 가수이다. 오선에 그려진 음표가 살아 움직이게 만드는 순간이다. 선율에 따라 감미롭게도 들리고 불안하게 들리는 음도 있다. 나는 신나는 댄스곡이 나오면 우울했던 마음이 순간적으로 밝은 마음으로 전환되며 춤을 춘다. 또 거친 음들이 들려올 때면 짜증이 나고 시끄럽고 갑자기 마음이 우울해짐을 느낀다. 다양한 색들로 칠해지는 음악은 나에게 행복한 마음을 선물한다.

사람들마다 인생을 살아가는 가는 방법이 다르다. 평범했던 사람이 자기계발을 함으로써 특별한 사람이 된다. 그렇게 하기 위해선 '하고자 하는 마음'과 '동기부여'가 필수다. 스스로에게 동기부여를 하는 것이야말로 자기 자신을 더욱 성장하게 하는 좋은 방법이라 생각한다. 무턱대고 남들이 다 하니까 하는 게 아니라 목표를 세운 자기계발이 필요하다. 내가 하고 싶은 일이 있다면 이 일을 위한 자기계발이 무엇인지를 정확하게 파악하고 시작하는 것이 중요하다. 자기계발은 자기 삶의 진정한 의미를 찾고 자신을 발전시킨다는 점을 잊지 말아야 한다. 내가 하고 싶은 게 있다면 용기를 내고 지금 해야 한다. 특별한 나를 만드는 건 이제까지 가지고만 있었던 나의 재능을 밖으로 끌어내는 일이다. 그렇게 할 수 있는 사람은 오직 나, 자신밖에 없다.

아무것도 없는 하얀 종이에 무엇을 그릴 것인가를 생각한다. 생각한 것들을 스케치하고 그 형태들을 수정한 후 조금씩 조금씩 색을 입힌다. 무수히 많은 색들을 혼합하고 붓질을 통해 얻을 수 있는 나의 작품들! 무채색 내 인생에 아름다운 색을 입힌다. 나는 내가 가진 모든 재능을 한

곳에 모으는 작업을 시작했다.

연극을 해보았는가? 연극이란 배우가 있고 각본에 따라 배우가 말과 동작을 표현하는 것을 말한다. 표현되는 것을 관객이 있어 모든 조명, 장치, 음악과 함께 배우, 말, 동작 등을 감상하는 종합예술이다. 내 인생을 연극처럼 종합예술로 표현하고 싶다. 나의 작품은 이제까지 살아온 나의 지식과 경험, 삶의 지혜, 나의 사람들, 내가 바라본 세상들을 책 쓰기라는 무대 위에서 펼쳐 보이고 싶다. 책을 출판하고 북 콘서트를 아름답게 만들기 위해 작품 전시회도 갖는 것이 이제는 삶의 목표가 되었다.

구스타브가 40년의 외길 인생으로 아름다운 조각공원을 탄생시킨 것처럼 나의 55년 인생이 책 쓰기를 통해 아름다운 색을 입고 멋진 탄생을 기다리고 있다. 함께 근무했던 안태영 제천교육지원청 교육장님께서 나에게 지어주신 삼행시가 생각난다.

색(色)의 강물

서 서서히 익어가는 열매는 감미롭고
경 경사진 길 끝에는 꽃들이 향기롭다
선 선을 따라 색의 강물이 그림 속을 흐른다

매번 읽을 때마다 느낌이 다르다. 시조에서 색은 무엇을 말할까? 내가 그림을 하니까 많은 색으로 표현한다는 의미도 될 테고, 또 한편으로는 색? 끼를 말하는 것일까? 나는 내 자신이 끼가 많다고 생각했다. 가까운 친구에게 물어봤다. "친구야, 내가 끼가 많지?" 했더니만 지나가는 개가 웃겠다고 한다(웃음). 아무튼 느낌이 가는 쪽으로 생각하기로 했다. 어떤 식으로 생각하든지 간에 나는 내 인생에 색을 입히는 작업을 시작했다.

내가 그리는 그림에도 밝고 화사한 색들이 입혀지고 있다. 따뜻한 봄날 이름 모를 꽃들이 피어 있는 자연에서 느낀 감흥들을 화폭에 담느라 여념이 없다. 여기서 탄생한 작품이 〈풀꽃 I II〉다. 자연에서 선물 받은 축복의 색들과 함께 나는 오늘도 붓을 잡는다.

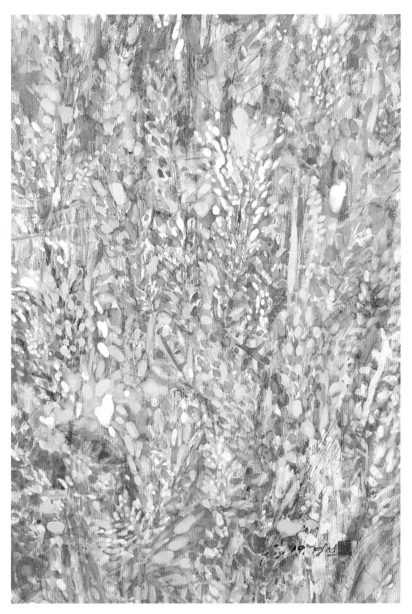

풀꽃 I ｜ 35×50cm ｜ 장지 분채 ｜ 2019

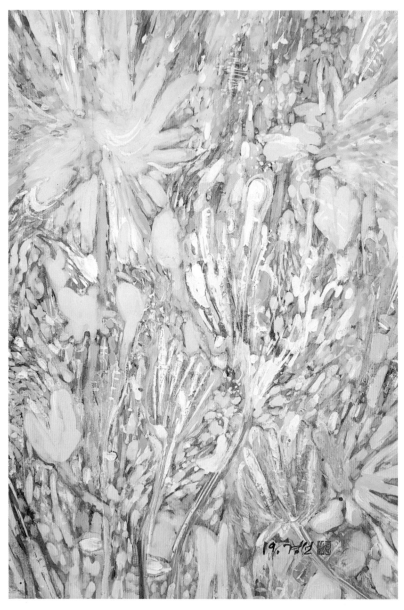

풀꽃 II │ 35×50cm │ 장지 분채 │ 2019

7
계속 도전하여 이제는 진짜 공부를 하라

교사들은 학교에서 하루 종일 컴퓨터 앞에서 업무를 본다. 나이가 점점 들어가면서 눈도 많이 나빠졌다. 컴퓨터 모니터를 보면서 일하는 게 힘이 든다. 아프고 나서 더욱 눈이 나빠졌다. 화면에 있는 글자들이 자체 발광을 한다. 업무를 빨리 처리해야 하는데 마음만 급할 뿐 손가락 속도와 시력이 받쳐주지 않는다. 늘 긴장되고 힘이 들어간 내 목과 어깨는 고장이 나기 시작했다. 조금만 자판을 두들겨도 손가락이 너무 아팠다. 마우스를 움직이는 손가락이 너무 아프다. 일에 쫓기고 업무량으로 피곤한 나는 더 이상 컴퓨터를 가까이 하지 않는 인생을 동경하기 시작했다.

시골에서 작은 텃밭을 가꾸며 작품 활동을 조금씩 하면서 살아야지 하는 생각으로 꽉 차 있을 때 나는 더욱더 하고 싶고 배우고 싶은 게 많아졌다.

나는 2020년 현재 미디어와 친하게 지내려고 많은 시간을 투자한다. 마샬 맥루한은 '미디어란 인간의 신체적 능력의 확장'이라고 말했다. 내가 가장 많은 시간을 보내는 TV는 눈의 확장이고, 출퇴근시간에 어김없이 재미있게 듣는 라디오는 귀의 확장이며, 컴퓨터는 머리의 확장? 뇌의 확장이라고 했다. 뇌의 확장이 없이 이 세상을 어찌 살아갈 수 있을까? 하는 의구심이 들었다. 나이가 들어가니 단순하게 살아야 돼 하는 생각이 지배적이었던 나는 이런 생각을 하면 할수록 '그렇게 살면 안 돼.'라는 두 생각이 팽팽하게 싸우고 있었다. 컴퓨터를 멀리한다는 건 세상을 등진다는 생각이 들기 시작했다.

창작의 결과물을 공개하자. 많은 사람들에게 나의 창작품을 공개하고 공유함으로 삶의 만족도를 높이는 것이다. 삶의 만족도가 높아질수록 행복하게 인생을 살아갈 수 있다. 개인전을 통해 나의 작품세계를 알리고 책 쓰기를 함으로 많은 독자와 소통하는 기회를 만들자. 과거에 얽매여 헤어 나오지 못했던 때가 있었다. 그냥 숨고 싶었다. 오지에 살고 싶었다. 사람들과 소통하고 싶지 않았다. 아무것도 하고 싶지 않았다.

이제는 어제의 내가 아니다. 함께 어울려 살고 싶다. 책과 그림이 있는 따뜻한 감성을 지닌 크리에이터로 살아가고 싶다. 그렇다면 미디어와 친해져야 한다. 내 삶속에 온전히 뿌리 내리고 있는 나의 그림, 글, 내가 느끼는 소리, 영상 등을 개발하고 발굴해본다. 이것이 미디어의 핵심이다. 이제는 적극적으로 배우자. 미디어에 대한 진짜 공부를 해야 한다. 아무것도 하지 않으면 아무 일도 일어나지 않는다. 내가 지금은 작고 보잘 것 없지만 시작을 해야 과정이 쌓이고 그 과정이 모여서 내 세상이 된다. 나의 미디어는 힘들어하는 사람들에게 희망과 용기가 되어 줄 것이다.

이제 불필요한 물건은 구입하지 않는다. 자기계발을 하기 위한 지출만한다. 책 쓰기 위한 도서 구입과 작품 활동을 하기 위한 재료 구입이 전부이다. 그동안 하지 못했던 작품 활동을 위해선 미술협회에 가입을 해야 소속감이 생겨 한 점이라도 작품을 출품할 수 있었다. 공동체 안에서 그림도 그리고, 친목도 다지는 모임을 하면서 내 그림은 좀 더 많은 성장을 했던 것 같다.

미국의 국민 화가라고 불리는 모지스 할머니가 있다. 모지스의 나이 75세 때 그림을 그리기 시작했다. 화가의 삶을 시작했던 것이다. 나 역시도 언제까지 그림을 그릴 수 있을까? 생각했던 적도 있다. 모지스 할머니는 101세 세상을 작별하기까지 그림을 그렸다고 한다. 참 행복한 인생을 살지 않았는가? 자녀는 10명 중 5명을 잃었고 남편마저 떠나 보내고 관절염까지 왔다고 했다.

은행 품은 나무 | 10×15cm | 종이 금색 붓펜 | 2017

평범했던 모지스 할머니는 힘들고 공허한 마음을 달래보려고 시작한 것이 그림이었다. 화가의 그림을 보면 모지스 할머니의 미소가 떠오른다. 동그란 안경에 가냘픈 얼굴 그리고 굵은 마디와 주름진 손이 보인다.

그 미소 속에 모지스 할머니의 풍경이 오버랩된다. 자작나무에 붉은 벽돌의 집과 사람들을 그린 그림은 특별할 것 없는 평범한 풍경화이다. 평범한 일상을 특별하고 행복한 인생으로 승화시킨 모지스 할머니에게 존경심을 보낸다. 한 번도 그림을 배운 적이 없는 할머니는 1,600여 점을 남기고 세상을 떠났다. 모지스 할머니는 죽을 때까지 행복하게 살기 위한 진짜 공부를 75세에 시작해서 100세에 완성했다.

몸에 병이 들게 되면 그냥 아무것도 안 하는 사람이 있다. 많은 화가들이 죽기 전까지 붓을 놓지 않고 창작열을 불태운다. 그중에서 앙리 마티스는 77세에 큰 수술을 받고 그 이후는 거의 침대에서 누워서 보냈다. 아픈 몸이었지만 화가로서의 삶을 포기하지 않고 또 다른 예술적 영감으로 종이 오리기 작업을 시작했다. 붓으로 그림을 그리는 대신 색종이를 오리고 붙이는 콜라주 기법을 사용하여 작품들을 완성해갔다. 나이가 들수록 자신의 몸 상태를 비관하면서 죽을 날만 기다리는 것이 아니라 지금 현재에 내가 할 수 있는 일이 무엇인지를 찾아내고 집중하면서 살아가는 마음, 그 정신에 난 박수를 보낸다.

마티스가 종이 오리기로 작품을 하였듯이 나는 요즘 물감이 아닌 여러 가지 재료를 이용한 작품에 대한 공부를 하고 있다. 이 세상에 모든 것이 미술의 재료가 되고 소재가 되는 것처럼 내 마음이 향하는 재료들을 탐

색하고 있다. 재료에는 저마다 특징이 있다. 나뭇가지에 먹물을 묻혀 그릴 때 붓에서는 느낄 수 없는 거친 표현을 할 수 있다. 점토를 이용하여 입체가 아닌 회화적인 느낌의 작품도 재미있다. 생각과 관점을 바꾸면 재미있고 다양한 작품을 할 수 있다. 신문지를 말아서 그림을 그릴 수도, 손으로 그림을 그릴 수도 있다. 나의 창작열은 여기서 끝나지 않는다. 많은 사람들이 쉽게 그림에 대해 접근하고 표현할 수 있도록 돕고 싶다.

나는 곤충을 다룬 전시회를 유난히 흥미롭게 감상한다. 이 세상의 자연물들은 좌우가 대칭인 게 많다. 좌우가 똑같은 형태를 가진 곤충들이 너무 아름답다. 신이 주신 선물인 것도 같다. 자연에서 온 곤충들의 색과 형태에 푹 빠졌다. 나의 작품의 소재가 되기도 하는 좌우대칭이 분명한 곤충들을 그린 얇은 종이를 가위로 거의 끊어지지 않게 오린다. 검정 색종이를 반으로 접고 화면에 보이는 곤충을 보면서 밑그림 없이 오린다. 곤충의 다리의 섬세한 털까지 오려내는 재미가 아주 좋다. 그냥 취미로만 생각했었는데 그동안 오려놓은 곤충들을 모아놓으니까 곤충채집을 한 것 같기도 한 느낌을 받았다. 나의 또 하나의 가능성이 보이는 순간이었다. 좀 더 다양한 형태를 오려서 스토리텔링을 해보고 싶다.

자신에게 어떤 공부가 필요하며 어떤 노력을 해야 하는지는 시작해봐야 한다. 무엇이든지 해봐야 그 속에서 답을 찾을 수 있다. 나에게 필요한 진짜 공부를 찾을 수 있다.

두려움이 있는가? 자신감이 부족한가? 시간이 없는가? 가장 중요한 건 마음이다. 하고자 하는 마음만 있다면 충분하다. 자신이 갖고 있는 능력을 찾아내고 그것을 좀 더 깊이 있게 공부해보자.

개미들은 맡은 바 일이 있다. 그중 일개미는 자신의 집을 나와 먹잇감을 찾기 위해 혼란스런 행보를 한다. 얼마나 오랜 시간을 헤매였을까 눈앞에 먹잇감이 보이면 쏜살같이 입에 물고 집으로 들어온다. 뒤돌아보지도 않고 발길을 옮긴다.

수없이 많은 시간을 방황하고 헤매고 다녔던 나는 이제 내 생애에 진짜 공부를 시작했다. 카페를 개설했다. 나의 회사를 만들기 위한 공부가 시작되었다. 나의 경험, 나의 지식, 나의 재능을 나누며 세상을 위해 가치를 만들고 부를 창출하는 선순환 구조에 나는 기꺼이 열과 성의를 다한다. 몸과 마음이 지쳐서 아무것도 하지 못한 채 소중한 시간을 보내며 사는 중년 여성들이 얼마나 많은가! 내가 왜 사는지, 삶의 목표도 없이 직장에서 일만 하느라 지친 사람들이 또한 얼마나 많은가! 나는 이들에게 희망을 안겨주고 싶다. 자기 자신이 얼마나 가치 있는 사람이고 대단한 능력이 있는 사람인지를 찾아줄 것이다. 내 그림에서 웃음을 찾고, 내 글에서 위안을 얻는 따뜻하고 훈훈한 마음을 공유할 것이다.

색종이 딱정벌레 I | 50×50cm | 천 색종이 | 2017

천에 꽃그림을 그렸다.
종이 딱정벌레들을 풀어 놓고 자연과 벗 삼으며 그리움을 달래 본다.

색종이 딱정벌레 Ⅲ | 20×20cm | 천 색종이 | 2019

8

인생 최고의 공부, 책 쓰기를 시작하라

'최고'라는 단어를 생각해보자. 자신에게 최고의 날이 있는가? 최고의
여행이 있는가? 최고의 사람이 있는가? 내 인생을 돌아볼 때 최고의 공
부가 있는가? 나는 당연히 책 쓰기라고 대답할 수 있다. 자기계발의 끝
판왕 책 쓰기! 설레고 행복한 책 쓰기를 내 인생에서 공부했다는 게 너무
감사한 일이다. 책을 쓰자는 결심을 하기까지 과정이 너무나 신기하고
놀랍기만 하다. 이 마음이 어떻게 들었으며 흔들림 없이 책 쓰기를 해야
겠다고 결심을 하게 되었는지 아직도 의문이다. 신에게 내 인생의 최고
의 선물을 받은 기분이다.

굴곡의 삶을 살아온 내가 나의 인생 이야기를 쓰고 있다. 타인의 시선

이 두려워 숨어살았던 나였는데, 열등감과 낮은 자존감으로 내 자신을 자책하며 살아왔던 나였는데, 내가 어떻게 책을 쓰게 되었는지 정말 놀라울 따름이다. 무엇 하나 우연히 찾아오는 것은 없는 것 같다. 지금 현실에 나타나는 모든 것은 과거에 내가 조금이라도 상상했던 것들이 나타난다고 한다.

나는 평범하다. 그러나 늘 내 마음 한 구석에는 극장 무대의 한 인물만을 특히 밝게 비추는 조명인 스포트라이트를 받고 싶은 마음이 있었다. 뮤지컬을 볼 때도 주인공을 비추는데 그 모습도 부러웠다. 가끔 모교를 방문해서 강연하는 상상도 했다. 강연 내용도 직접 써보고 강연 연습도 해본 적이 있다. 개인전을 하면서 유명해지고, 화가로서 사인회도 하는 그런 상상, 나의 그림이 수록되어 있는 책을 출간해서 유명해지는 모습 등을 격하게 상상하곤 했었다. 그러나 이혼녀라는 주홍글씨를 만들고 헤어나올 수 없는 한계를 만들어서 내 스스로 감옥을 만들고 그 안에 갇혀 버렸다.

당신은 지금 무엇을 생각하고 상상하는가? 무엇이 부러운가? 또한 무엇을 죽을 만큼 간절히 원하는 게 있는가? 핑곗거리 만들고 자신 없는 생각만 하고 있을 것인가? 스스로 한계를 만들고 있는가?

나의 인생에서 최고의 내 모습을 보고 싶지 않은가? 그렇다면 공부를 시작하자. 내 인생의 최고의 공부 책 쓰기에 도전해본다.

왜 이렇게 화가 날까? 화를 생각하면서 '화'에 대한 책을 읽었다. 나는 왜 이렇게 숨어서만 살려고 하지? 사람 만나는 것도 싫었다. 이런 나의 복잡한 마음과 감정에 대해 알고 싶었다. 그래서 사람의 심리에 관한 책도 읽고, 심리치료도 적극적으로 받았다. 미술심리치유와 모래놀이상담사 자격증을 따면서 나를 알아갔다. 남편 복도 없고 되는 일이 하나도 없다고 사주팔자 타령만 하면서 점집에 가서 내 미래를 보기도 했다. 늘 삶이 융통성이 없다고, 앞뒤가 꽉 막혔고 교과서 같다는 말을 자주 들었다. 나를 알아야겠다. 나는 어떻게 살아야 하는가? 유머를 알고 재치 있는 내가 되고 싶어서 관련 도서를 읽었다. 유쾌하게 사는 삶, 행복하게 사는 삶을 살고 싶었다. 이제 삶에 대한 의식 전환을 해야 한다. 이제는 성공자의 삶, 그리고 부자들의 삶으로 나의 책 구매 패턴은 달라지고 있었다. 부를 이루고 성공자의 삶을 살면서 사회에 선한 영향력을 갖는 사람들에 대해 공부를 하기 시작했다.

독서하는 습관이 달라졌다. 종이책 10장을 넘기기 어려웠고 책을 읽다 보면 잠이 스르륵 오기 일쑤였다. 수면제가 따로 없었다. 나의 독서 습관은 책을 빨리 덮는 게 전부였다. 첫 장을 읽고 몇 장 더 읽다 보면 책을 덮고 며칠이 지난 후 다시 그 책을 처음부터 읽었다. 그래서일까? 끝까지 읽지 못하는 책들이 수북히 쌓여갔다. 책은 정독을 해야 해! 책 옆에는 강박처럼 메모할 노트가 있었고 꼭 좋은 글귀는 노트에 기록했다. 정서는 기본이었다. 또박또박. 딱 노트 한쪽을 쓰고 나면 그 노트도 다시 책꽂이에 꽂혔다. 무엇이든 완벽하게 하려고 하다 보니 끝까지 하지를 못했고 또 다시 도전하지 않았다.

2016년도부터 유럽 여행하면서 본격적으로 책을 쓰고 싶은 마음이 들었다. 여행하면서 느꼈던 감동을 그림과 글로 화폭에 담았다. 옛날 책 묶는 방법으로 경선이 그림책이 여러 권으로 만들어졌다. 그 책을 자주 꺼내 보곤 한다. 그럴 때마다 다시 유럽을 다녀온 기분이 든다. 함께 다녀온 동료 교사가 나의 책을 기다린다. 출간하면 바로 구매할거라고….

〈한책협〉을 알고 나서 나는 1일 특강을 신청했다. 김태광 대표는 23년간 200권이 넘는 책을 출간하였고 900명의 작가를 배출한 책 쓰기 코치라고 소개를 했다. 1년에 9권 정도의 꾸준히 책을 썼다는 말인데 믿어지지 않았다. 어떤 사람일까 무척 궁금했다. 최고의 코치가 가르쳐주는 책 쓰기 비법은 어떤 것일까 궁금해 하면서 특강을 들었다. 김태광 대표는 김도사라는 아주 특별한 이름이 또 하나 있다. 많은 제자들이 도사처럼 잘 가르쳐준다고 붙여준 이름이라고 한다. 특강은 6시간 동안 진행되었다. 정말 특별했다. 장시간 의자에 앉아서 듣는 것도 힘들 법도 한데 나는 내 안에 에너지가 소용돌이쳤다. 힘들지 않았다. '성공해서 책을 쓰는 것이 아니라 책을 써야 성공한다.'라는 말이 너무나 가슴에 와닿았다. 정말 다른 인생을 살고 싶었다. 나는 더 이상 망설일 이유가 없었다. 곧바로 책 쓰기 과정에 등록했고 나의 책 쓰기 공부가 시작되었다.

김태광 대표는 '책 쓰기는 운명을 바꾸는 자기 혁명이다.'라는 말을 한다. 운명을 바꾼다. 과거의 내가 너무나 싫어서 괴로워하기만 한 나는 운명을 바꿀 방법을 몰랐다. 나의 제2의 인생에 대한 명확한 목표가 없었다. 보잘 것 없는 나였는데, 책 쓰기라는 나의 새로운 운명을 만나게 되었다. 내 의식이 확장되고 어제와 다른 내가 탄생했다. '감사합니다. 감사합니다.' 내 입 밖으로 수없이 '감사합니다.'라는 말이 쏟아져나온다. 감사할 줄 모르는 일상이었는데, 불평불만으로 가득했던 나였는데 모든 것에 감사함을 느낀다. 혁신이다.

사람들은 무엇을 시작할 때 두려움을 느낀다. 나 역시도 두려웠다. 무서웠다. 그러나 두려움은 행동할 때, 내가 무언가를 시작할 때 사라지는 것을 알았다. 이제 나는 나를 믿기 시작했다. 아니 믿는다.

책 쓰기, 표지, 목차, 한 꼭지, 초고, 출간, 편집자, 출간 제안서, 프로필 등 많은 단어들이 생소하기만 했던 나였는데 이제 나는 작가가 되었다. 책 쓰는 작가다. 나는 다른 사람이 되었다. 책을 쓰고 내 책을 통해서 많은 사람들이 위로 받고 희망을 가질 수만 있다면 더 이상 무엇을 바랄 것인가? 한곳에 머물러 있는 고인물이 되지 않기 위해서 나는 의식을 변화시켰다. 행복한 삶을 살기 위해 의식을 변화시키고 하루하루 책 쓰기에 집중한다.

'나는 안 돼.', '나는 못해.', '책 쓰기는 특별한 사람들이나 하는 거야.', '편하게 살지 뭐, 힘들게 살지 말자.' 하면서 나의 한계를 만들었다. 불가능은 없다. 무의미하게 하루하루를 사는 어리석은 사람이 되지 말자. 책 쓰기를 통해 나의 또 다른 재능을 발견하고 그 재능을 많은 사람들에게 선물하면서 살아야 한다. 이 세상에 천재는 없다고 생각한다. 다만 노력하는 사람만 있을 뿐이다. 우리가 천재라고 생각하는 사람들은 평범한 사람들이 모르는 상상도 못할 만큼의 노력을 한다고 한다. 그 과정을 모르고 천재라고 했던 것이다. 김태광 대표가 지금의 최고 자리에 오르기까지 얼마나 많은 실패와 싸우고 얼마나 많은 피나는 노력을 했는지 우리가 어찌 다 알 수 있을까? 그 많은 시간의 경험과 지식, 그리고 노하우를 배우고 싶다는 생각을 했다.

책 쓰기는 나를 아는 과정이다. 나는 책 쓰기를 하면서 내가 몰랐던 나를 발견한다. 그 모습은 내 인생의 최고의 모습이다. 의식이 확장되는 소리가 들린다. 엄청난 에너지를 불러들이고 있다. 흩어져 있는 나의 모든 생각과 능력들이 퍼즐이 되어 하나씩 맞춰지고 있다. 수천 개의 퍼즐 조각을 맞추려면 퍼즐 판이 있어야 한다. 그 판 위에 하나씩 퍼즐을 놓으며 아름다운 형태를 완성해간다. 마지막 퍼즐 한 조각을 끼워 맞췄을 때의 그 순간이 기억나지 않는가? 나에게 그런 선물을 해주자. 내 인생의 가장 완벽한 공부, 책 쓰기를 통해 나는 책 쓰는 작가가 되었다.

5
지금의 시간은
다시 돌아오지
않는다

1
나의 에너지를 뺏는 사람과 절교하는 법

평소 알고 지내던 지인이 있다. 어느 날 지인은 나에게 글씨를 부탁했다. 거절을 잘 못하는 나는 해드리겠다고 하고 집에 왔다. 집에 들어온 나는 후회했다. 거절하고 싶었는데 못 하고 온 내가 너무 한심했다. 그분의 말투가 맘에 들지 않았기 때문이다. "글씨 잘 쓰는데 그냥 한 장 써 줘봐. 금방 쓰던데, 대충 써도 잘 쓰잖아요."라고 한 말이 너무 마음에 걸린다. 아니 기분이 나빴다.

나는 왜 거절을 못 했나. '죄송합니다. 제가 요즘 손목이 많이 아파서 글씨를 못 씁니다.' 하면 될 것을…. 거절도 못 하고 주문 받아놓고 힘들어하고. 거짓말도 아니고 사실 손목도 아프고 어깨도 많이 안 좋은 상태였다. 난 늘 이런 식이었다. 글씨를 쓰는데 대충이 어디 있을까? 나의 지인은 내가 거절 못 하는 사람이라는 것을 꿰뚫고 있었는지도 모른다. 난 그날 새벽 2시까지 쓴 것 중에서 마음에 드는 글씨 한 장을 골라서 선물로 드렸다. 며칠 지난 후에 지인 사무실에 갈 기회가 있어서 갔는데 내가 써준 글씨가 아무렇게나 방치되어 있는 것을 발견했다. 나는 머리가 하얘지는 느낌이 들었다. 그분한테 물었다. "글씨 아직 액자 안 하셨네요~." 했더니 "우리 사무실에 좀 안 어울리는 것 같아서. 좀 다르게 써주시면 안 될까?" 하는 거였다. 이것도 해 달라, 저것도 해 달라는 말을 서슴치 않고 나에게 했다. 그동안에 써드린 글씨도 많았기 때문에 더 이상은 이 사람에게 에너지를 뺏기고 싶지 않았다. 불편한 감정들이 폭포가 되어 나의 마음을 후벼 팠다. 이번만큼은 단호하게 거절하고 사무실을 나왔다.

그 글씨를 쓰기 위해 족히 50장은 넘게 쓰고 나서 그중에서 고른 거였고, 내 노력과 시간이 헌신짝처럼 버려진 것 같아 너무나 화가 나고 속이 상했다. 그 사람을 욕하기 전에 나의 태도가 너무 마음에 안 들었다. 난 에너지를 계속 뺏기면서도 이야기를 듣고 있었고 거절도 못 하는 바보가 된 것 같아서 나한테 더 많이 화가 났던 날이었다.

어떻게 하면 이 사람과 절교할 수 있을까? 상대의 에너지에 휘둘리지 않으려면 어떻게 대처해야 할까? 당신은 어떤 유형의 사람인가? 내가 좀 희생하더라도 남의 기분을 잘 맞춰주려고 하는가? 아니면 내 의사를 분명하게 말하는 타입인가?

내 인생의 주인공으로 살려면 내 안에 에너지를 쌓아야 한다. 내면의 힘을 기르지 않으면 남들의 힘에 질질 끌려가게 된다. 할 말도 못하고 남이 하라면 하고, 이 얼마나 비참한가? 상대는 나의 노력의 대가도 알지 못했다. 나는 나의 소중한 시간과 재능까지 푸짐하게 그 사람에게 서비스했다.

어떤 사람 때문에 힘이 드는가? 기분이 나쁜가? 나를 함부로 하는 것 같아 자존심이 상하는가? 나의 에너지를 뺏는 사람이 어떤 사람인지 알고 싶다면 상대방과 헤어진 후 바로 자신의 감정이 어떤 상태인지 살펴보자. 행복한 기분이 충만한지 아니면 우울해지고 기분이 나쁜지 생각해보면 된다. 이때 기분이 나쁘고 우울한 마음이었다면 그 사람은 나의 에너지를 뺏는 사람이고 반드시 피하고 상대하지 않아야 한다. 이제 자신의 마음속에 감정 바구니 하나를 만들어보자. '야! 너는 쓰레기야.' 하고 외친 후 감정 바구니에 버리면 된다. 인정사정 볼 것 없이 바로 버리면 된다. 나는 내가 알고 있던 지인을 감정 바구니에 버렸다.

연꽃 | 30×35cm | 장지 분채 | 2019

진흙탕 속에서도 아름다운 꽃을 피우는 연꽃이다.
고통속에서만 살아왔던 결혼생활을 뒤로 하고
아름답고 행복한 내 인생을 만들어간다.

꿈과 희망에 부풀었던 스물다섯 살 나는 결혼이라는 엄청난 인생의 벽에 부딪혀 상처만 남긴 채 13년의 한 많은 결혼생활을 마감했다. 조용하게 성장했던 나는 사람이 많은 곳을 싫어했다. 조용한 곳에서 그림 그리는 것을 무척 좋아했던 사람이었다. 그런데 신혼집은 너무나 시끄럽고 사방의 문은 모두 오픈되어 있었다. 동네 아주머니들의 아지트가 되었던 우리 집. 주말엔 좀 쉬고 싶었지만 우리 집은 참새 방앗간이었다. 작은 아파트 거실은 늘 시아버지 차지였다. 시아버지 상의는 늘 속옷차림으로 거실에서 계셨고, 수줍음이 많았던 나의 신혼생활은 마치 문이 없는 방에서 수치심을 느끼며 살았던 것 같다. '문 열고 자라. 더운데 문 열고 자라.' 하는 시아버지의 배려는 나에겐 지옥이었다. 출근하면서 용돈을 올려준다는 시어머니의 말씀에 열심히 도시락을 싸가지고 다녔지만 한 달 용돈은 5만 원을 넘기지 못했다.

남편은 도박에 빠져 수억의 빚을 지고도 헤어나오지 못했다. 그런 남편의 이동 경로를 샅샅이 알지 못한다고 며느리를 뭐라 하셨던 시부모님. 주말이면 기다렸다는 듯이 "에미야. 아버지하고 장 보러 가자." 하신다. 남편은 아직도 잠에 취해 있었고 일어나서 함께 가자고 해도 아버지랑 갔다 오라고 하면서 돌아누워 다시 잔다. 나는 한숨을 쉬며 시아버지와 함께 장을 봤다. 퇴근하고 돌아오는 나를 아파트 입구부터 기다리고 계시는 시아버지는 나를 보는 순간 내 손을 덥석 잡으시고는 "에미야, 아들 하나 만들어봐라." 하는 말씀. 딸 셋을 낳고 손자 타령이 심한 시아버지는 막내딸을 제왕절개술로 낳을 때 난관수술도 하기로 했는데 그것을 못 하게 했던 분이다. 세 아이를 낳은 나에게 아들 하나 더 낳으라고 내버려두라고 하셨던 분이다.

일곱 식구가 함께 사는 집에선 쓰레기도 많이 나왔다. 20리터 쓰레기봉투가 꽉 차서 버리려고 양손에 들고 계단을 내려가다 넘어져 발가락뼈에 금이 간 적도 있었다. 쓰레기봉투는 터졌고 그 안에 있던 오물들이 내옷과 얼굴에 묻고 말았다. 정말 비참했다. 나는 누가 볼까 봐 아픈 내색도 못한 채 빨리 쓰레기를 정리했다.

힘들게 사는 내가 자꾸 꿈에 보인다고 친정엄마께서 전화를 하셨다.

"경선아, 너 별일 없지?"
"엄마 꿈이 하도 심란해서~~."
"네가 하얀 소복을 입고 꽃상여 옆에 앉아 있더라."

친정엄마께서는 예지몽을 잘 꾸신다. 안 좋은 일이 일어나기 전에 보인다고 하시면서 이번에도 내 꿈 이야기를 하셨다. 나는 얼마 후 이혼을 했다.

헤어진 지 20년이 다 되어가는데 결혼 때를 생각하면 아직도 가슴이 쓰라리다. 요즘에는 딸들에게 그분들의 얘기를 가끔 듣곤 한다. 지금은 팔순이 넘으셨고 머리 수술도 2번이나 하신 애들 할아버지의 건강을 기원한다. 예쁜 며느리가 송편도 잘 빚는다고 칭찬해주시고 출근할 때 입으라고 옷도 다림질해주셨던 분이셨다. 큰 손으로 손녀딸의 머리를 모두 예쁘게 빗겨주셨던 분. 목소리가 굵고 멋쟁이셨는데 이런 말년을 맞게 될 줄 그분도 생각이나 하셨을까?

애들 할머니께서는 맞벌이 부부인 아들 내외를 위해 세 명의 손녀딸들을 키워주셨다. 김치, 된장, 고추장등 손수 먹거리를 장만하시며 음식 솜씨가 좋으신 분이었다. 다리가 많이 불편하셔서 이제는 거동하기가 많이 어렵다고 하신다. 큰딸 천 기저귀를 함께 개면서 삶의 지혜도 가르쳐주셨던 분이셨다. 이혼 후 나를 찾아와 '미안하다. 미안하다.' 하시면서 나를 안아주셨던 때가 생각난다.

나와 부부의 연으로 13년 동안 살면서 세 명의 딸을 낳고 함께 살았던 애들 아빠. 이제는 재혼도 했고 명퇴도 했다고 한다. 힘들게 다시 만난 새 인연과 행복하게 잘 살았으면 좋겠다. 학교 다닐 때 교수님께 칭찬을 자주 받았던 그림 실력이 뛰어난 사람이었다. 꾸준히 작품 활동하면서 작가로서 행복한 삶을 살았으면 좋겠다.

죽을 만큼 힘들고 나의 에너지를 모두 빼앗은 사람들을 이제 그들의 삶으로 이해하고 용서라는 것을 해본다. 우린 모두가 피해자이다. 서로를 가엾게 여기고 남은 인생을 편안하게 살았으면 좋겠다.

부정적인 생각들은 인생을 살아갈 때 결코 도움이 되지 않는다. 불행한 인생도 내가 만들고 행복한 인생도 내가 만드는 것이다. 진정한 용서만이 그들에게서 내가 자유로워지고 인연의 끈을 끊을 수 있다. 이제 마지막으로 한때는 가족이었던 사람들에게 진심 어린 작별 인사를 한다.

"아버님, 어머님, 건강하세요. 그동안 잘해주셔서 감사했습니다."
"○○아빠, 건강하고 웃는 게 이뻤던 당신, 행복하게 잘 살아요."

참 많이 미워했었는데 이제 그 마음을 내려놓는다.

2
상대방의 단점을 나의 장점으로 승화시켜라

몸이 많이 약해지신 친정엄마를 위해 저녁 준비를 했다. 엄마가 좋아하시는 된장찌개도 끓이고 불고기와 취나물이 있는 저녁 밥상을 준비했다. 맛있게 저녁 식사를 마치고 엄마랑 커피 한잔 마시려고 커피 포트에 물을 올려놓고 예쁜 커피잔을 준비했다.

"엄마. 커피 한잔 마셔야죠?"
"엄마는 연하게 한잔이다."
"네. 둘째 딸이 맛있게 타 드릴게요."

커피를 마시면서 환하게 웃으시는 엄마의 모습을 보며 나도 많이 행복했다. 이것이 일상의 행복함이다. 또 무엇을 바랄까. 엄마는 내 얼굴을 보면서 "너는 오십대가 얼굴에 주름도 없냐?" 하고 본인 얼굴의 주름을 만지며 한숨을 쉬셨다.

"내 얼굴의 주름이 많은 건 다~ 니 아버지 때문이다."
"니 아버지가 엄마를 얼마나 고생시켰는지 아느냐~."
"그래서 이렇게 쪼글쪼글 주름살만 늘었다."

또 아버지 원망과 미움이 시작되었다. 친정집 고생이 징글징글해서 결혼했더니 남편이 더 속을 썩이고 힘들게 했다고 하셨다. 한이 서린 한숨이 또 시작되었다. 엄마와 함께 있으면 기분이 나쁜 날이 태반이다. 늘 내 주변에 있는 사람들은 엄마를 편하게 해준 사람이 하나도 없다고 하셨다. 엄마는 어렸을 때부터 영특해서 뭐를 시켜도 잘했을 텐데 하시면서 교육받지 못한 서러움을 또 표출하기 시작했다. 이런 이야기를 시작하면 한두 시간은 족히 들어야 한다.

오늘은 지나가나 했는데, '혹시나'가 '역시나'로 바뀌는 순간 난 엄마의 해묵은 이야기를 또 들어야만 했다. 외할아버지는 엄마가 공부하는 책을 모두 태우셨고 외할머니는 삯바느질 하시느라 바쁘셔서 자녀들을 챙겨야 하는 건 엄마였다고 하셨다. 열여섯밖에 안 된 엄마는 장녀로 태어난 죄로 여섯 명의 동생들을 키워야 했고, 일꾼들 밥까지 모두 엄마 차지였다고 하셨다. 드라마에서나 볼 수 있을 법한 장면이 엄마의 어릴 적 시간이었다고 힘든 시절 얘기를 하신다.

머리를 곱게 따고 교복 입고 학교 가는 친구들이 너무 부러웠다고 하시면서 또 눈물을 보이신다. 그중에서도 엄마 손아래 여동생하고는 원망의 정점을 찍는 사건이 있었다고 하신다. 친구들을 만나기 위해 깨끗하게 저고리치마를 잘 다려서 걸어놓았는데 언니 옷을 몰래 입고 나가 버렸다고 했다. 옷을 엉망으로 만들어놓고 늦게 집에 들어온 동생 때문에 친구도 만나지 못했다고 했다. 얼마나 미웠을까?

식사 때만 되면 언니를 도와서 함께 식사 준비를 하면 좋은데 나가서 들어오지 않고 있다가 "다 차려놓으면 그때 기어들어와 밥도 얼마나 많이 처먹는지 미워서 혼났다."고 하셨다. 엄마와 큰 이모와의 악연(?) 얘기는 백 번도 더 들은 것 같다. 엄마는 당신이 이렇게 늙고 병든 몸이 된 건 다 남편이 힘들게 했고, 부모가 나를 교육시키지 않아서 이 모양 이 꼴이 되었다고 신세한탄을 하신다.

숲속 | 10×15cm | 종이 붓펜 〈습작〉 | 2015

내 마음은 항상 복잡하고 불안하고 어지러웠다.
이제 내 마음의 꽃은 온전한 자기만의 색으로 갈아 입는다.

"엄마, 이제 가슴 아픈 이야기는 그만해요."

"자꾸 지나간 과거 이야기만 하면 뭐 달라지는 거 있어요?"

"엄마 마음만 아프잖아요."

"엄마 이야기 듣는 나도 마음이 얼마나 힘든지 알아요?"

"이제 좋은 것만 생각해요."

"엄마가 이야기하면 잘 들어줘야지."

"어디서 토를 다는 거야?"

"……."

엄마의 심정을 어찌 다 알 수 있을까? 당신의 마음을 몰라주는 딸이 미운지 화를 내시고는 이내 방문을 닫고 누우신다. 멀리서도 들리는 엄마의 한숨 소리가 내 마음을 후벼 판다. 아무 말 없이 엄마의 가슴 아픈 얘기를 듣다가도 한 번 말대꾸를 하면 이런 난리가 난다.

초등학교 졸업이 최종 학력인 엄마는 공부를 너무나 하고 싶어 하셨다. 그러나 외조부모님은 엄마를 교육을 시키지 않으셨다. 그래서인지 고인이 되신 부모에 대한 원망이 세월이 많이 흐른 지금도 하늘을 찌를 기세다. 공부도 못했고, 동생들을 키우느라 자신의 인생은 돌볼 여력이 없었던 엄마는 모든 실패의 공을 부모, 남편, 동생들을 향한 원망으로 점철되었다.

원망하고 괴로워하면 자신의 인생은 불행할 수밖에 없다는 것을 엄마는 알고 계셨을까? 내 삶을 바로 잡아보겠다는 생각도 못하신 채 엄마의 황금시간들은 그냥 흘러갔다. 온통 원망으로 꽉 찬 엄마의 인생이 어찌 행복할 수 있었을까? 실패도 내가 만든 것이고 불행도 내가 만든 것이다. 원망하는 습관은 창살 없는 감옥을 스스로 만드는 것이라 생각한다.

전라도 장수에 사시는 부모님 시골집은 외관은 그럴 듯해 보이는 한옥이다. 그러나 집안에 들어가면 어수선하다. 이제 연로하시고 또 농사일로 바쁘시다고 이해를 해보려고 해도 빼꼼한 공간이 없다. 이 세상에 완벽한 사람이 어디 있겠는가? 좀 버리기도 하셔야 하는데 늘 채우기만 하신다. 목화솜 이불이 얼마나 무거운가. 그 무거운 이불이 이불장에 올라가지 못하고 온통 바닥에 쌓여 있다. 오래되고 입지도 않는 옷들이 옷장에서 귀한 대접을 받고 있다. 자주 입는 옷들이 옷걸이에 걸리지 못하고 또 하나의 행거에 옷이 걸려 있고 앉을 자리가 없다.

주방에는 플라스틱 병뚜껑, 선물 받은 포장박스, 외식 한 번 하고 오면 꼭 남은 음식 담아 오시고 그 음식물 담아온 비닐마저도 세척해서 수전에 걸어놓고 또 사용하신다. 한 번 닦은 주방 티슈 역시 재사용하시기 위해 빈 우유곽에 넣어놓으신다. 자식들이 부모님 댁에 가면 며칠이 되었건 간에 계속 일만 하다가 온다. 농사일을 좀 돕거나 간단한 집안 청소가 아니다. 공사 수준의 일을 하다가 보니 몸이 많이 피곤하고 짜증이 많이 난다. 사람을 사서 일을 하는 돈은 아깝다 하시고 자식들이 그 일을 하는 건 돈도 아끼고 효도라고 생각하시는 분이시다.

집안 정리가 안 되는 건 부모님 선에서 통제해야 할 일이 너무 많고 버거우신 것이다. 그렇기 때문에 몸이 힘들고 피곤하니 집안 정리는 뒷전이 되고 만다. 욕심이다. 과욕이 불러온 참상이다. 엄마의 인생이 없다. 자식들은 그 넓은 밭에 힘들게 농사만 짓지 마시고 조경을 할 것을 권해드렸다. 꽃도 심고 나무도 심어서 예쁜 정원을 만들자고 해도 그때뿐 "내년부터는 그렇게 할 거다."라고 하시지만 가을에 수확하실 기쁨으로 봄이 되면 다시 씨를 뿌리신다. 부모님께서는 그렇게 사셨기 때문에 습관이 되신 것이다. 어지러운 집안을 볼때면 온통 과거의 원망이 꽉 찬 엄마의 마음 같아 보여서 마음이 안 좋다.

엄마는 왜 이렇게 사셨을까….

무엇이든지 아끼고 모아야 하고 열심히 공부해야 잘 산다는 게 요즘 맞을까? 나는 엄마의 인생을 보면서 나의 노후를 본다. 어느 날 엄마와 똑같은 생활 습관이 보일 때 나는 그 문제점들을 종이에 적기 시작했다. 그리곤 해결 방법을 찾기 시작했다.

힘들었던 지난 시간에 대한 부정적인 생각이나 습관에 길들여지지 말자. 의식과 생각을 바꾸는 것이 가장 중요함을 인식한다. 과거에 나를 힘들게 했던 사람들이 생각난다. 그들로 인해 원망과 미움이 가득한 채 평생 슬프고 외롭게 살지 않았는가?

이제 나를 위해서 생각을 바꿔야 한다. 한 많은 세월은 잊고 지금에 집중하며 어떻게 재미있게 살 것 인가에 대한 사고의 전환이 필요하다. 욕심을 버리고 나를 힘들게 하는 일들을 과감하게 줄이고 안 쓰는 물건들을 무조건 떠나보낸다. 이렇게 몸과 마음의 비우기가 실천되었을 때 내 삶의, 내 공간의 주인공이 된다. 요즘 나는 생각과 공간의 아름다움이 있는 '미니멀 라이프'를 사랑하게 되었다. 사는 곳이 기분 좋으면 인생은 상상도 못할 선물을 해준다.

3
화를 참는게 아니라 다스리면 삶이 즐거워진다

큰딸과 1시간이 넘도록 통화하면서 싸우고 있다. 몸이 지친다. 화가 머리끝까지 났다. 딸의 목소리는 더욱 거칠어지고 나 또한 격하게 딸을 나무라며 소리 질렀다.

"엄마! 엄마! 왜 대접을 받으려고 해요?"
"엄마! 엄마! 언제 제 생일 챙겨준 적 있어요?"
"한 번도 내 생일은 챙겨주지 않았으면서 엄마 생일을 챙기라니요?"

화근은 큰딸 시어머니 생신 상이었다. 결혼하고 큰딸은 처음 맞는 시어머니 생신에 직접 요리를 해 드리고 싶다고 했다. 요리가 서툰 딸이 생신 상을 차린다고 하니 정말 놀랍기도 하고 너무나 기특했다. 어떻게 이런 생각을 했을까? 편하게 외식하고 생신날을 보낼 수도 있었는데 큰딸은 처음 생신은 자기 손으로 꼭 대접해 드려야 한다고 했다. 딸은 생신 상에 대한 준비를 나에게 묻기도 하고 인터넷 도움을 받으면서 이틀 동안 준비해서 시어머니 생신 상을 완성하였다. 요리사가 준비한 생일상 같은 느낌이 들었다. 너무나 예쁘고 정갈한 음식이 완성이 되었다. 그렇게 준비한 시어머니 생신날 집으로 시부모님을 초대해 행복한 시간을 보냈다고 딸은 말했다. 친정엄마는 챙기지 않으면서 시어머니 생신상은 그렇게 신경을 쓸까 하는 생각에 서운한 마음도 들었다.

내가 큰딸에게 "너도 이제 결혼했으니 달력에 엄마 생일날도 표시해놓고 그때가 되면 함께 밥도 먹자."라고 했더니 화를 냈다.

이혼 후에도 나는 딸들의 생일을 잊어본 적이 없다. 생일이 다가오면 만나는 날짜를 정하고 함께 만나서 맛있는 음식도 먹고 쇼핑도 하고 했다. 물론 생일선물도 챙겼다. 난 이렇게 힘든 시간을 보냈어도 자식들에게 최선을 다했다. 그런 엄마에게 결혼한 큰딸은 소리 지르며 대들었다. "생일도 안 챙겼고, 우리에게 해준 게 없는데, 엄마는 대접만 받으려고 한다."고 화를 냈다. 통화를 하면서 화를 내니 그동안 참아왔던 감정들이 폭발했다.

자식들이 부모한테 반항하며 맞설 때 얼마나 속이 상하는가? 그 마음은 이루 형용할 수 없다. 화가 나니까 부모한테 대들기도 하겠지. 그러다가도 사춘기도 아니고 결혼해서 자식을 낳고 키우면서 엄마한테 이런 가혹한 말을 할 수 있을까? 딸의 말들이 가슴에 비수가 되어 꽂혔다. 너무 아팠다. 너무 속이 상했다. 자식 키워봤자 소용 없다더니 바로 이럴 때 쓰는 말인가 보다. 1시간 넘게 통화, 아니 싸우고 나서 모녀지간은 연락을 끊었다. 큰딸과 나는 1년이 넘도록 전화도 하지 않은 채 소식을 끊고 지냈다. 큰딸은 그 사이에 둘째를 임신했다.

생일로 인해 이런 사달이 났지만 왜 그렇게 딸이 화가 났을까? 화를 내며 소리 지르는 딸에게 난 그렇게 격하게 화를 냈을까? 누구에게나 생일은 특별한 의미를 지닌다. 엄마 생일을 달력에 표시하라는 말이 그렇게 화를 낼 일이었나? 딸의 시어머니 생신으로 시작은 했지만 혼자 있는 엄마의 생일에 세 딸들은 생일 축하한다는 전화 한 통화가 없다. 카톡에도 그 흔한 이모티콘 하나 올라오지 않았다. 외로운 생일날을 보내며 딸들에게 나는 존재감이 없구나 하는 생각에 밀려오는 울분이 치밀어 오른다. '이게 다 결혼을 잘못해서 이런거야.' 이렇게 이혼을 안 했으면 자식들에게 이런 대접을 받았겠나 하는 생각을 했다. 나는 남탓하면서 내 안에 있던 불편한 감정들을 끄집어내고 있었다.

내 마음 속에 가장 깊은 곳에 있는 가장 큰 감정이 있다. '화(anger)'이다. 자기 자신을 그토록 괴롭히는 감정이 화라는 사실을 안다는 건 내 인생을 새롭게 산다는 것과 같다. 고통의 깊은 뿌리를 들여다보는 과정이 있어야만 행복하게 살 수 있는 것이다. 결혼생활에서는 내가 왜 결혼해서 이렇게 고생을 해야 하지? 남편의 잘못으로 내 안에 화를 쌓아두며 나를 고통 속에 밀어 넣고 살아야 하지? 누가 살짝만 내 감정을 건드리면 나는 곧바로 슬픔과 화가 밀려왔다. 딸과의 통화에서도 나는 왜 그토록 딸에게 화를 냈는가? 딸은 무엇 때문에 엄마인 나에게 그토록 화를 냈는지 알아야 한다.

냄비 밥을 해보았는가? 쌀을 씻어서 얇은 냄비에 담아서 쌀이 밥이 되기까지의 과정을 생각해 보자. 처음엔 센 불 그리고 불 조절을 잘 해야만이 쌀이 밥이 된다. 마지막으로 뜸들이는 과정은 신의 한 수이다. 이때 뚜껑도 닫지 않고 밥을 하는 사람은 없을 것이다. 뚜껑을 덮고 불을 살살 달래야 한다. 내 안에서 활활 타고 있는 '화'에게 기름을 붓는가? 왜 화를 품고 사는가?

딸과 나는 갖고 있던 화를 용광로에 부은 것과 같았다. 소소한 일상에서 가볍게 던진 말들이 용광로에 기름을 붓듯 거대한 불 화산이 되어 자신의 가슴을 아프게 태우는 것이다. 서로가 마음에 상처를 준 것이다. 요리를 하다가 뜨거운 불에 손을 댄 적이 있는가? 조금만 대여도 피부가 벌겋게 변하기도 하고 금새 노란 물집까지 생긴다. 독이 가득찬 몸이 어찌 될 것인가는 안 봐도 뻔하지 않은가? 자신에게 뼈 속 깊이 박혀 있는 감정들을 달래야 한다.

큰딸은 엄마가 자식들 옆에 없는 동안 허전하고 힘들었던 마음을 그렇게 소리 지르며 화를 냈던 것이다. 얼마나 힘들었을까? 엄마 없이 살아온 세월이 얼마나 허전하고 공허했을까? 그렇게 고통 받고 상처 받았던 딸이 너무 빨리 자식을 낳고 부모가 되었다. 너무 어린 나이에 부모가 되어 작은 어깨가 얼마나 무거웠을까? 앞으로의 세상이 또 얼마나 두려웠을까? 나는 딸의 그 마음을 어루만져주지 못했다. 엄마인 나 역시도 '나도 피해자라고, 니 아빠 때문에 상처받고 고통 받은 피해자.'라고 고래고래 소리 지르며 화를 표출했던 것이다.

내 마음을 들여다봐야 한다. 내 마음속에 씨앗으로 있는 것들이 어떻게 자라나는지를 잘 관찰하고 살펴야 한다. 사람의 마음을 밭이라고도 한다. 누구는 마음 밭에 사랑, 행복, 기쁨 등을 심어서 예쁜 꽃을 피우는 반면 나는 내 마음 밭에 불행, 화, 고통, 우울 등을 심어서 냄새나고 썩은 밭을 품고 있었던 것이다. 내 마음 밭을 일궈야 한다. 농부들은 봄에 땅에 씨앗을 뿌리기 전에 로터리를 친다. 겨울 내내 굳어진 땅을 숨 쉬는 땅으로 회전시켜 만드는 과정이다. 내 마음에 울타리를 치고 좋은 씨앗들을 심어보자. 행복하고 즐거운 삶으로 회전시키자.

화는 참는 게 아니다. 달래야 한다. 더 이상 오지 말라고 '멈춰'라고 말해보자. 학교에서도 학교 폭력 근절 차원에서 '학교 폭력 멈춰'라는 구호를 사용했던 적이 있다. 멈추라고 말을 하자. 그리고 화가 나게 되면 왜 화가 나는지 그 감정을 세세히 살펴보자.

화가 나서 죽는 사람도 있다. 화가 나면 내 몸은 바빠진다. 숨도 거칠어지고 얼굴은 일그러져서 못생겨지고, 심장은 이상 반응을 보이고 손바닥은 땀으로 범벅이 된다.

삶이 즐거워지기 위한 화 다스리는 법 네 가지를 소개한다.

첫째, 화가 날 때 자각하기.

내가 화가 나는 이유를 바로 자각하는 것이다. 애기가 울면 왜 우는지 살피듯이 내가 지금 화가 나는 이유를 살펴야 한다. 그리고 보듬어줘야 한다.

두 번째, 화가 나면 '멈춰'를 외치고 심호흡하기.

여기서 심호흡은 복식호흡이다. 내 배가 불룩해지고 홀쭉해지는 모습만 생각하며 호흡을 가다듬는다. 5분에서 10분 정도 해본다.

세 번째, 나를 존중해주기.

나를 하찮게 여기는 마음 때문에 나쁜 감정들이 내 마음 밭에 쓰레기가 되어 뿌려졌다. 좋은 씨앗을 심기 위해 나를 존중해주고 사랑해주자.

네 번째, 나를 화나게 하는 사람과 일에 대해 편지 쓰기.

미안하다, 고맙다는 말을 정성껏 손 편지로 써서 건네자. 종이에 쓰는 순간 기적이 일어난다. 내 마음은 이미 평온해진다.

사과 I | 10×15cm | 두방지 크레파스 | 2016

화를 다스리지 못하고 내 속에 담아두기만 했다.
이제는 나의 내면을 이해하고 진실된 마음으로
나에게 정중히 사과하고 싶다.

사과 II ｜ 10×15cm ｜ 두방지 크레파스 ｜ 2016

사과 III ｜ 10×15cm ｜ 두방지 크레파스 ｜ 2016

4
고통 뒤의 행복이 달고, 비 온 뒤에 땅 굳는다

우울증이 깊어 병원 진료를 받고 있을 때 의사 선생님이 나에게 여행을 권유했다. "여행을 해보세요. 새로운 세상을 접하게 됩니다."라고 말하면서 가슴에 새기는 한 줄 명언집을 선물해주셨다. 손바닥만 한 책이었다. 지금도 가지고 다니면서 읽곤 한다. 몇 년 뒤 나는 꿈에 그리던 유럽여행을 했다. 2014년으로 기억된다. 버킷리스트를 적고 가장 먼저 여행을 하고 싶었다. 상상하고 종이에 적으니 그 꿈은 현실이 되었다. 여행하고 싶다. 마음뿐이었던 지난날에 비해 구체적으로 꿈을 적었던 것이다.

그해는 북유럽, 서유럽을 모두 여행했다. 가장 아름답다는 봄, 가을에 유럽을 다녀온 것이다. 불가능한 일이 일어났다. 정말 행복했다. 병이 다 나은 것 같았다. 모든 만병의 근원은 스트레스다. 스트레스 없는 시간 동안 아무것도 구애 받지 않고 여행할 때의 나는 행복 그 자체였다. 내 얼굴은 그야말로 평온했다. 내가 봐도 너무나 예뻤다. 내가 이렇게 예뻤는지 그때 여행하며 촬영한 사진을 보면서 알게 되었다.

행복의 탄력을 받아서였을까? 새집으로 이사하고 싶었다. 나는 집을 사기 위해 내가 만들 수 있는 돈이 얼마나 되는지를 파악했다. 은행의 도움도 받고 하면 불가능한 일이 아니었다. 사람들 눈을 피해 다니느라 오래된 아파트에서 살다 보니 자꾸만 우울해지는 느낌이 들었다. 나는 점점 새 아파트에서 살고 싶다는 강한 욕망이 생겼다. 더 이상 더러운 바퀴벌레가 득실대는 아파트는 안녕하자고 다짐했다. 이제 어떤 아파트를 구입할까 생각하며 설레는 마음으로 구경하는 집을 돌아다니기 시작했다. 정말 깨끗하고 넓었다. 난 오래전부터 내 집을 설계하며 꿈을 키웠다. 작은 노트에 집 설계를 직접 했다. 100장은 족히 넘은 것 같다.

이렇게 준비한 내 집은 꿈에 그리던 전원주택은 아니었지만 신축 아파트를 구입해서 이사를 했다. 17평에 살다가 24평에 이사를 하고 보니 '천국이 여기구나.' 하는 생각이 들었다. 이사 한 첫날 나는 침대에서 잠을 잤다. 여왕처럼 대우받는 느낌이 들었다. 잠이 오지 않았다. 너무나 설레는 첫날밤이었다. 너무 좋아서 잠이 오지 않았다. 달빛은 어쩜 이리도 밝은지, 달빛에 책을 읽어도 될 만큼 안방을 훤하게 비추고 있었다. 달빛 속에서 나는 행복한 꿀잠을 잤다.

부러울 게 없었다. 유럽 여행도 했지, 깨끗한 아파트로 이사도 했지, 특히 이사한 아파트 단지는 주차공간이 넉넉해 마음 편하게 주차할 수 있었다. 이중주차도 없이, 지하주차장에 해도 좋고 지상에도 너무나 넓은 주차공간이 있었다. 전에 아파트에서 살 때는 출근은 해야 하는데 차를 빼지 못해 난감하던 때가 많았다.

교사라는 좋은 직업도 갖고 있지. 이제는 나의 중년은 학교생활에 집중하고 그림도 그리면서 사는 행복한 상상을 했다. 불행했던 이혼생활을 뒤로 하고 힘든 나날들을 잘 극복하고 깨끗한 아파트에서 행복하게 살려나 했더니만 내 인생에 불행이 또 찾아왔다. 이번엔 '암'이다. 이사한 후 5개월이 지난 어느 날 나는 암 판정을 받았다. 갑자기 하늘에서 벼락을 맞은 것 같았다. 순식간에 행복한 나날들은 슬픔과 공포가 교차되고 말았다. 불행한 나날이 시작되었다. 유방암 판정을 받고 난 '지옥이 여기구나.' 하는 생각을 했다.

연말연시가 되면 많은 사람들이 덕담을 주고받는다. '새해에는 좋은 일

가득하시고, 웃는 한 해 되세요.', '행운이 가득한 한 해 되세요.' 등. 1년 동안 모두 행복한 일, 좋은 일만 있으라는 말들을 하는데 과연 좋은 일, 행복한 일이 얼마나 많이 일어날까? '인생은 곧 고(苦)인 것 같다.'라고 다시 내 마음은 암과 함께 부정적인 마음 상태로 원상복귀되고 말았다. 사람들에게 인생의 시련과 고통은 소나기와도 같다. 소나기가 1년 365일 동안 내리지 않는다. 소나기는 잠시 피하면 된다. 그렇게 험악하고 세차게 내리던 소나기가 그치면 무지개를 볼 수 있지 않은가?

네덜란드 격언에 "비에 젖은 자는 비를 두려워하지 않는다."라는 말이 있다. 내가 지금 암이라는 병과 싸우고 있지만 '그 끝은 있을 것이다. 분명히 극복해낼 것이다.'라는 생각을 했다. 힘들고 긴 싸움이 되겠지만 나는 이제 어떠한 병도 두려워하지 않는다.

나는 암과 싸우면서 뜻하지 않게 많은 선물을 받았다. 그 어느 때보다 많이 울었고 또 많이 웃었다. 치료를 받으면서 그렇게 힘들던 내 마음이 평온해지기 시작했다. 큰 병을 앓고 치료받는 과정 속에서 심리 상담을 제대로 받았고, 병원에서 만난 환우들과의 끈끈한 우정도 알게 되었다. 그렇게 아픈 시간을 견디면서도 웃음을 잃지 않는 환우들을 보면서 참 많은 것을 느꼈다. 무엇보다도 진정한 나를 알게 된 귀한 시간이 되었다. 우울한 마음으로 내 인생의 목표도 모른 채 방황만 하던 나였다. 이제 하나뿐인 내 인생을 찾았다. 어떻게 살아야 하는가에 대한 뚜렷한 소명이랄까? 이제는 자신이 좋아하는 일을 하면서 친구처럼 암을 대하며 살고 있다. 조급한 마음을 버리고 여유롭게 자신의 인생을 살아가자.

육상 경기 중에서 허들 경기의 장애물 달리기가 있다. 달리기를 하면서 허들을 뛰어넘으면 된다. 선수들은 걷지 않는다. 걸으면 장애물을 넘지 못한다. 있는 힘을 다해 넘고 또 넘어서 골인에 성공한다. 인생은 장애물이다. 살다 보면 장애물이 반드시 있다. 그 장애물 앞에서 주저하고 있을 것인가. 넘기 어렵다고 되돌아갈 것인가. 뛰어 넘어야 한다.

큰딸과 1년이 넘도록 전화도 하지 않고 살다가 극적으로 화해를 했다. 또 하나의 장애물을 넘을 수 있었던 건 용기이고 사랑이었다. 딸에게 엄마인 내가 먼저 손을 내밀었다.

"큰딸, 엄마가 미안했다. 네 마음을 몰라줘서 너무 미안했다."
"이제 우리 지나간 가슴 아픈 이야기는 서로 하지 말자."
"엄마, 제가 죄송해요. 엄마 맘을 아프게 한 것 같아 나도 미안해요."

둘째까지 출산한 큰딸은 이미 어른이었다. 무엇보다 삶을 바라보는 관점이 중요한 것 같다. 이혼한 부모 안에서 가장 상처 받는 사람은 자녀들이다. 그것을 모른 채 부모들은 서로의 상처가 크다고 으르렁댄다.

지금도 가족끼리 연락하지 않고 지내는가? 그동안 더 힘들었던 건 자신이었을 것이다. 먼저 손을 내밀어보자. 미안하다고 해보자. 고맙다고 해보자. 봄눈 녹듯 불편하고 힘들었던 감정들이 사라질 것이다. 무 자르듯 가족간에 해결해야 할 것은 아무것도 없다. 상대를 측은하게 여기고 사랑으로 감싸 안아보자. 자존심을 내세우는 일은 가족간에 하면 안 된다. 가족은 서로에게 힘이 되어주는 존재로 남아야 한다. 부모님이 계셔서 감사하고, 남편, 아내가 있어서 너무나 고맙고 자녀들이 있어서 축복이고 행복하다고 말해보자. 서로에게 사랑을 주자.

행복은 가장 가까운 곳에 존재한다. 폭풍우 후에는 고요하고, 고통 뒤에 즐거움이 달다. 비가 온 뒤 땅이 굳듯이 힘들고 좋지 않은 일이 있어도 슬기롭고 지혜롭게 잘 극복하자. 행복은 내가 만들어가는 것이다. 큰 시련과 고통이 닥쳐와도 그 안에 행복이 있다. 세상엔 극복 못 할 시련은 없다. 가지치기 한 사과나무에서 튼실한 열매를 얻을 수 있다. 가혹하리만큼 큰 시련이 닥친다 해도 자기 자신을 믿고 긍정적인 사고로 힘든 시기를 이길 수만 있다면 더욱더 큰 행복이 나를 찾아올 것이다.

'내가 선 이 자리를 행복으로 바꾸는 나'를 만들어보자.

행복으로 바꾸는 나 | 20×30cm | 종이 붓펜 | 2020

5

모든 사람과 잘 지내려고 하지 마라

나는 출근시간이 항상 다른 교사들보다 빠르다. 일찍 교무실에 들어오면 내 책상의 먼지를 닦고 노트북을 꺼내놓는 일이 제일 첫 번째 하는 일이다. 컴퓨터가 로그인 되는 동안 나는 탕비실 커피포트에 물을 받아서 물을 끓인다. 탕비실 테이블도 깨끗하게 정리를 하고 있는데, 좀 일찍 출근하신 원로 교사가 계셨다. 나는 커피를 타서 선생님께 드리고 웃으면서 인사를 했다.

"선생님. 오늘 의상이 참 멋지세요."
"사모님께서 코디 해주셨나봐요?"

"……."

"서 선생님. 그런 칭찬은 남편한테나 하면 돼."

"집에서 커피 마시고 왔습니다."

난 좋은 의미로 친절을 베풀었는데 돌아오는 답이 너무나 충격이었다. 나는 너무 당황스럽고 기분이 나빴다. 곧바로 나는 죄송하다는 말과 함께 커피잔을 치우는 사태까지 벌어졌다. 순간 내가 뭘 잘못한 걸까? 하는 생각을 했다.

옷을 아무렇게나 막 입지 않고 노신사처럼 계절감이 물씬 느껴지는 스카프까지 하신 모습이 너무 보기 좋았다. 칭찬은 고래도 춤을 추게 한다는 말이 있는데 지금은 아니었다. 오히려 욕을 얻어먹은 꼴이 되어버렸다. 웃는 얼굴에 침 못 뱉는다는 말도 있는데 그 선생님은 내가 웃는 것도 보기가 싫었나 보다. 이렇게 난감할 때가 있을까? 그 선생님은 나의 칭찬, 관심 등이 너무나 불편했었던 것 같다. 옷을 잘 어울리게 입고 온 직원이 있다면 '멋지다.', '잘 어울린다.'라는 말도 못하나? 하는 생각에 화가 났다. 난 하루 종일 선생님을 피해다녔다.

일찍 출근해서 교무실 창문 다 열고 환기시키고 여러 선생님들의 커피물도 준비해놓은 나는 늘 착한 사람으로 살았던 것이다. 누가 부탁하면 절대 거절 못 하는 나였기에 내가 감당해야 할 불편한 마음들이 너무나 컸다. 학교에 함께 근무하는 선생님들에게 잘 보이려는 내 마음을 들여다봐야 했다. 나와 친한 몇 명과도 잘 지내는 것도 힘들고 벅찬 인생인데 굳이 하루 중 한 마디도 나누지 않는 선생님들까지 챙기느라 마음 고생을 하는 내가 측은했다.

2년을 한 학교에서 근무를 한 선생님과의 이야기다. 그분은 나의 상사였다. 나는 모든 선생님들에게 웃으면서 인사를 하고 잘 지내려고 노력했다. 유난히 한 분만 나에게 엄격했다. 나에게 차갑게 대했던 선생님은 나만 그렇게 느끼는 게 아니었다. 함께 근무했던 선생님이 나에게 이런 말을 한다. "그 선생님은 선생님만 미워하나 봐요. 다른 선생님한테는 잘 대해 주시면서 왜 그러시는지 모르겠어요." 나에게 만큼은 왜 그렇게 차고 냉정하게 대하셨는지 아직도 그 마음을 생각하면 기분이 안 좋다.

"왜 이렇게 못해~." 작은 소리로 나에게 말씀하시는데 이제는 쉽게 할 수 있는 업무도 눈치가 보였고 자신감도 잃어갔다. 거의 신경쇠약에 걸릴 정도였다. 퇴근하는 길에서도 오늘 일을 생각하며 울었고, 집에 가서도 눈물이 마르지 않았다. 왜 나에게 그렇게 대할까 하는 생각이 나의 교직 생활 전반의 지축을 흔들어놓았다.

다른 선생님들에게는 자주 웃어주시고 편하게 대해주셨다. A교사가 잘못 올린 문서도 그냥 아무 말없이 결재해주시는 그런 분이셨고, 업무

296

를 하지 않는다고 하면 나만 불러서 혼을 내셨다. 학생에게 꾸지람하듯이 하셨다. 다른 중요 업무를 맡은 남자 선생님들한테는 너무나 친절하셨다. 나는 문서 하나에도 빨간 펜으로 지적하셨고 봐주시다가 짜증이 나셨는지 다시 정리해오라고 하셨다. 왜 그렇게 나한테 엄격하게 하셨는지 지금도 이해가 가지 않는다. 힘들게 학교 행사를 준비하고 있어도 칭찬 한 번 하지 않으셨다. 나에게 보내는 표정, 행동이 무서워졌다. 출근하면 늘 긴장의 연속이었다. 오늘은 어떤 일로 혼날까? 오늘도 못한다고, 한심하다고 하시겠지 하면서 눈치 보는 힘든 하루를 보냈다. 나는 그분 앞에선 아무것도 하지 못하고 한없이 작아졌다.

왜! 최선을 다하고 열심히 하는 사람인데 이런 대우를 받아야 하지? 절이 싫으면 중이 나가면 되고, 학교에 적응 못 하면 그만두면 된다. 하는 생각으로 명퇴를 진지하게 생각했었다.

나는 모든 사람들한테 인정을 받아야 한다는 강박이 있었던 것 같다. 나에게 관심을 주고 더 나아가서는 나는 괜찮은 사람, 성격 좋은 사람, 훌륭한 사람이라고 인정을 받고 싶었다. 그 시작은 어릴 때로 돌아간다. 앞장에서도 잠깐 언급했지만 어릴 때 나는 사남매 중 3째였다. 언니와 오빠 그리고 여동생이 있었는데 언니는 장녀로서 무조건 대우받았고, 오빠는 아들이었기에 특대우, 막내인 여동생은 어렸을 때 다리를 다쳐서 그랬을까? 절대적인 보살핌을 받았다. 엄마께서는 막내에게 무한사랑을

두 마음 | 15×20cm | 종이 채색 | 2016

내 마음속에 공존하는 두 마음!
수많은 선들이 모여 꽃이 되었다.

아끼지 않으셨다. 나는 중간에 끼여서 엄마에게 인정받으려고 더욱더 노력을 했던 것 같다. 엄마는 아들이 최고였고, 언니와 동생은 뭐든 잘해서 칭찬을 많이 받았다. 형제 중에 나는 제일 부족했다. 낙동강 오리알 신세가 될 것 같은 생각이 가득했다. 공부를 못하는 내가 안쓰러우셨는지 엄마는 대학을 안 가도 된다고 하셨다. 난 언니, 오빠처럼 대학을 무척 가고 싶었는데 엄마가 그렇게 말씀하시니 나는 너무 불안했다. 대학 갈 성적이 안 되면 이제 나는 끝이겠구나 생각했다. 고등학교 때 정말 피나는 노력을 했다. 입시 성적과 실기성적 의 두 마리 토끼를 다 잡아야 대학에 진학할 수 있었기 때문이다.

어릴 때부터 모든 친구들과 사이좋게 잘 지내야 한다고 부모님께 배우고 학교에서도 배웠다. 전 세계 인구가 60억, 우리나라 인구는 5천만이 넘는다. 학교에서 근무하는 교직원도 50명도 넘는다. 사람의 성격, 성품, 성향이 모두 다른데 모든 사람들과 잘 지내는 게 문제가 아닌가? 불편한 사람도 있고, 싫은 사람도 있다. 모든 사람들과 어떻게 잘 지낼 수 있을까? 서로 마음이 맞고 대화할 때 통하는 몇몇 사람과 잘 지내면 그만이다.

나는 학창시절 '착하다'라는 말을 자주 듣고 컸다. 그래서일까? 내 주변에 많은 사람들은 나를 자주 칭찬해주었다. 그렇게 성장한 나는 나를 싫어하는 사람이 없을 거라고 착각을 하면서 살아왔던 것이다. 욕 한 번 듣지 않고 착한 딸로 화초처럼 성장했다. 나에 대한 못마땅한 시선을 참을 수 없었다. 나에게 욕을 한다는 건 있을 수 없는 일이었다. 집에까지 그 마음을 가져와서 고민하고 또 고민하면서 스트레스를 키웠다. 내가 불편하게 생각하는 사람은 그 사람도 나를 불편하게 생각한다. 많은 사람 중에 내가 선택한 소수의 사람들과 잘 지내면 된다. 나와 잘 맞는 사람, 나에게 기쁨을 주는 사람들과 친하게 지내면 그게 행복한 인생이 아니겠는가?

'파에톤 콤플렉스'를 아는가? 어린 시절에 겪은 애정결핍으로 인하여 지나치게 타인이나 또는 부모에게 인정받고 싶어 하는 강박증을 말한다. 자신의 내면에 있는 불안감을 극복하기 위해서 다른 사람에게 '대단한 사람이다.'라고 인정받으려고 한다. 자신의 가치를 높이기 위해 피나는 노력을 하는 행동 패턴이다. '꼭 이거다.' 하고 단정 지을 수는 없지만 나는 인정받고 싶은 욕구가 다른 사람에 비해 지나치다. 그래서일까? 일상생활이나 근무할 때도 다른 사람의 말, 행동에 매우 민감하다. 이런 생활을 반복하다 보니 병든 몸이 되었고 인생의 낙오자라는 꼬리표를 달고 추락한 인생이 되었다.

많은 사람들이 자신이 처한 곳에서 인정을 받기 위해 열심히 살아간다. 약간의 차이는 있겠지만 가장 중요한 한 가지를 알게 되었다. 남에게 인정받기보다는 최선을 다한 나에게 칭찬해주는 것이다. 칭찬하고 격려해주고 나를 인정해주는 일이 무엇보다 우선되어야 한다. 나를 믿는 순간이 오면 다른 사람이 나를 무시하는 느낌은 사라지지 않을까 생각한다. '미움 받을 용기' 또한 필요한 것이다.

6
소중하지 않은 사람들에게 인생을 낭비하지 마라

교사 동아리에서 함께 유화 그림을 그린 동료 교사는 그날 저녁 어린 자녀들이 '아빠가 그렸어?', '아빠, 화가야?' 하면서 그림을 보며 신기했다고 했다. 덕분에 가족과 함께 즐거운 시간을 보냈다고 나에게 감사함을 전했다. 수학과 교사는 붓 한 번 잡은 적이 없었는데 그림 그리는 시간이 즐거웠다고 말했다. 함께 웃을 일이 있다는 것이 얼마나 감사하고 행복한 일인가? 나의 재능을 기부해서 함께 행복할 수만 있다면 하는 작은 바람이었다. 나는 근무하면서 내 시간을 쪼개어 교사 동아리를 해마다 했다. 1997년부터 시작했으니 참 오래도 되었다. 사실 교사 동아리를 시작한 계기는 나에게 틈을 주고 싶지 않아서였다. 거의 일 중독 수준이었다.

동료 교사들과 미술에 대한 즐거움을 함께 하기보다는 바쁘지 않으면 죽을 것 같아서 시작했었다. 내 몸을 혹사시키며 일을 했다. 결혼생활이 너무 힘이 들었다. 빚은 쌓여만 갔고 해결할 방법은 없었다. 모든 걸 다 뺏긴 것 같은 느낌으로 직장생활을 했다.

교사 동아리는 유화 모임이었다. 미술실에 모든 준비를 갖춰놓고 동료 교사의 빈 시간에 미술실에 와서 곧바로 할 수 있도록 완벽하게 준비해 놓았다. 이젤을 펴고 캔버스를 올려놓고 보고 그릴 명화도 프린팅 해놓고 모든 것을 완벽하게 준비를 했다. 오늘 채색할 색도 파렛트에 짜놓고 혼색까지 해놓았다. 어찌 생각하면 내가 거의 대부분 그려준 셈이었다. 그래도 좋았다. 빈 시간에 집중할 수 있다는 것만으로도 힘든 줄 모르고 했다. 대부분 그림에는 초보 교사들이었다. 좋아하는 명화 그림을 보고 따라 그리는 방식이었다. 점점 그림에 색이 입혀지는 순간, 교사들은 미술의 세계에 놀라는 분위기였다.

동아리 시간이라고 정해진 요일과 시간은 없었다. 그냥 교사들이 수업이 없는 시간에 나와 1:1 개인지도로 활동했다. 어느 날 나에게 자꾸만 스트레스를 주는 H교사가 있었다. 본인이 표현하는 그림이 마음에 들지 않았던 것이다. 즐거운 맘으로 표현하기보다는 잘 그리고 싶은 욕심이 앞서지 않았나 하는 생각도 들었다. 그냥 편한 마음으로 하고 싶었는데 잘 되지 않았다. H교사는 나에게 완성해서 달라고 했다. 그것도 주문이 복잡했다. 좀 더 예쁜 색으로, 좀 더 밝게, 좀 더 부드럽게 표현해달라고 했다. 참 싫었다. 유화물감으로는 두툼하고 무게감 있는 질감 표현이 효과적인데, 표현하기 힘든 주문을 했다. 나는 짜증도 났고 힘이 들었다.

전부 모여서 해도 힘든데 내 시간을 쪼개어 많은 교사들을 개인지도를 하다 보니 신경도 많이 써야 했다. 육체적으로도 힘이 들었다. 난 '교사 동아리를 왜 하는 걸까? 이렇게 힘들면서 왜 하지?' 거절을 못했던 나는 힘든 내색도 못하고 가슴앓이하며 많은 부분을 고쳐가며 그림을 완성했다. 그리고 그림을 선물했다. 그 교사는 당연히 받아야 하는 것처럼 받았다. 이런 모임은 다시는 하고 싶지 않았다.

난 학교를 이동하고도 교사 동아리 모임을 또 만들었다. 일 중독인 듯했다. 몸이 아파도 지도해 드렸다. 나의 이런 마음을 알까? 고마워했을까? 그렇게 상처를 받으면서 왜 또 만드는 걸까? 참 바보 같은 나였다. 나에게 이제는 체력도 되지 않지만 교사 동아리 자체에 관심을 갖지 않는다. 그림이나 글씨를 좀 가르쳐 달라고 해도 모임을 만들지 않는다. 이제 나의 빈 시간은 교재 연구하며 조금은 여유롭게 내 몸을 돌보며 나를 아끼는 시간을 갖기로 약속했다.

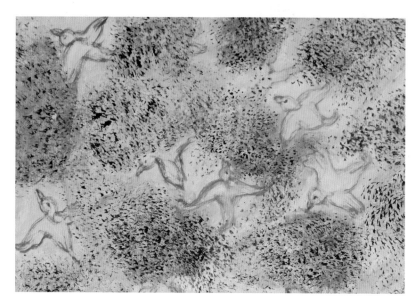

더불어 사는 인생 ┃ 30×35cm ┃ 장지 분채 ┃ 2018

　동아리 모임은 무료로 배우는 시간이었기 때문에 모임에 결석을 해도 그만이었다. 나의 소중한 시간만 뺏긴 것 같은 느낌이 들었다. 동료 교사들의 잘못은 없다. 잘잘못을 따지자는 얘기가 아니다. 왜 나는 그렇게 자신을 희생하면서 일을 해야만 했는지, 그때의 내 감정들이 측은하게 느껴진 것뿐이다. 나에게 소중한 사람들도 아닌데 내 소중한 시간을 내어준 것이 조금은 서글펐다.

　나에게 교사들과 함께 한 시간은 철저하게 무료로 진행되었다. 그 결과 나의 재능 기부는 내가 가장 큰 수혜자라는 생각은 변함이 없다. 분명 힘든 부분도 많았다. 이제는 내가 갖고 있는 작은 재능을 나 개인을 위해서 쓰기보다는 좀 더 많은 사람들과 공유하고 봉사하고 선한 영향력을 발휘할 때를 기다려본다.

오랜만에 지인들과의 저녁시사를 했다. 직업이 모두 다른 사람들과 만나는 것도 드물다. 항상 교사들과의 모임과 어릴 적 친구들 모임이 전부인 나는 사회에서 우연히 알게 된 친구들의 모임이었다. 이 모임은 술이 빠지지 않는다. 나도 암을 앓기 전까지는 술을 마셨다. 취하도록 마신 적도 많았다. 좋은 안주들이 푸짐하게 보글보글 끓고 있다. 푸른색을 띄는 술병 서너병이 쭉 올라왔다. 병따개를 따고 술잔에 한 가득 술을 따랐다. 건배! 잔을 부딪히면서 한잔씩 했다. 안주 없이 들어가는 알콜은 정말 짜릿하다. '캬~~.' 소리가 저절로 나온다. 술을 먹을 줄 아는 사람은 이 맛을 알 것이다. 식도를 타고 들어가는 짜릿함을 잊을 수 없다(웃음). 오랜만에 반가운 친구들과 한잔하는 것도 인생의 묘미가 아닐까 싶다. 우리는 서로의 안부를 묻고 한 잔, 두 잔, 하면서 술병을 비우고 있었다.

얼마나 시간이 흘렀을까? 늘 부정적인 시각으로 신세한탄을 하는 지인이 말을 꺼낸다. 웃자고 하는 얘기라고 늘 말을 하지만 나는 너무 듣기 싫다. '대통령을 잘못 뽑았다.', '나라가 왜 이 모양 이 꼴이냐.', '나는 되는 일이 없다.', '돈돈돈 하는 사람들이 제일 싫다.' 하면서 혼자만 말을 한다. 여섯 명이 모였는데 어떻게 본인만 할 말이 있을까? 이제 또 시작이구나 하는 생각이 들었다. 끝이 없이 말을 한다. 다른 사람들은 생각도 하지 않는 것 같다. 주변 친구들도 '이제 그만하고 다른 사람 사는 얘기 좀 듣자.' 했지만 소용없다. 이렇게 일방적으로 한 사람이 얘기하고 모두 듣는 모임의 분위기가 싫다. 너무나 보기 싫어서 먼저 간다고 하고 나왔다. 몇 번을 이렇게 만나다 보니 내가 왜 이 모임에 참석했는지 의미도 모르게 되었다. 엄청난 스트레스를 받고 말았다.

여러 사람이 모여서 대화를 할 땐 술이 있든 없든 먼저 말하는 사람 얘기를 충분히 들어주는 게 무엇보다 중요하다. 사람에 대한 기본적인 예의라고 생각한다. 한 사람의 얘기를 잘 들었으면 이제 다른 사람도 얘기할 기회를 주어야 한다고 생각한다. 사는 이야기, 요즘 고민도 얘기하면서 공통된 화제를 가지고 대화를 하면 좋을 텐데 어느 한 사람만 얘기하고 주도권을 잡는다면 그 모임은 생명을 잃는 것이나 마찬가지였다. 이런 모임에서 끝까지 자리를 지켜야 할 의리는 필요하지 않다.

이제 일방적으로 자신의 이야기만 하는 모임에 나가지 않는다. 불평불만만 가득한 정치 얘기와 알아듣지도 못하는 전문 용어를 써 가며 거친 욕설을 한다. 왜 여기에서 그런 얘기를 들어가며 자리를 지켜야 하지? 왜 남을 배려도 하지도 않는데 나의 소중한 시간을 내주고 있는지 너무나 속이 상했다. 한동안 만나지 못한 지인들이었기 때문에 그간의 삶에서 일어났던 소소한 일들에 대해 이야기를 나누는 자리를 기대했다. 편안한 이야기들을 하면서 웃으며 술 한잔할 수 있다면 얼마나 좋은가?

남녀가 함께하는 모임 자리에선 꼭 피해야 할 주제가 있다. 정치, 전문적인 일, 성에 관한 얘기, 남자는 군대 얘기는 아주 친하지 않으면 피해야 하는 규칙 같은 것이다. 그렇다면 할 얘기가 없다고 하는 사람도 있을 것이다. 정말 대화의 주제가 없을까?

지금 하고 있는 모임이 몇 개인가? 쓸모없이 시간만 낭비되는 모임이 너무 많다면 정리를 해야 할 때가 왔다. 그렇게 모임이 많을 이유가 있는가? 스트레스를 받는 모임이라면 지금 당장 나오자. 더 이상 소중하지 않은 사람들에게 나의 귀한 시간을 낭비하지 말자. 과감하게 모임을 정리하자. 모임 하고 헤어질 때 자신의 마음 상태를 꼼꼼히 점검해보자.

첫째, 즐겁고 유쾌한 에너지를 받는가? 모임 구성원끼리 서로에게 에너지를 주고받고 한다면 삶의 활력을 찾을 수 있다.

둘째, 일하면서 지친 내 몸과 마음이 힐링 되는가? 휴식이 없이는 사람은 살 수 없다. 진정한 쉼을 얻는다면 내가 행복하니 다른 사람도 행복할 것이다.

셋째, 긍정적인 생각과 의식이 확장되는가? 공통의 주제를 갖고 자신의 꿈을 함께 설계하는 모임, 그 모임 구성원에게 얼마나 도움을 받을지 상상해보라. 함께하는 모임에서 도전의식을 선물받자.

사과나무와 민들레 | 30×35cm | 장지 분채 | 2018

7
모든 인생은 흥미로운 소설이다

대학 1년생이었던 어느 비오는 봄날 실기실로 누군가가 나를 찾아왔다. 초등학교 때 친구였다. 나는 오랜만에 친구를 만나서 무척 반가웠다. 우리는 커피를 마셨고 이런저런 얘기를 하며 시간을 보냈다. 우리 둘은 버스정류장까지 우산을 함께 쓰고 걸어갔다. 서로의 어깨가 붙지 않으려고 조심할 때였다. 그 친구는 나의 어깨에 손을 올려 놓으면서 '경선아. 우리 사귀자.'라고 조심스럽게 말을 꺼낸다. 나는 그 마음을 거절했다. 나는 내 어깨에 있던 그 친구의 손을 걷어낸 후 버스에 올랐다. 그렇게 헤어지고 22년 만에 그 친구를 다시 만난 것이다. 그 친구는 나에게 두 번째 고백을 하며 22송이의 노란 장미꽃을 선물했다.

초등학교 은사님 아들인 그는 고등학교 때부터 나에 대한 마음이 첫사랑이었다고 말했다. 어릴 때부터 나는 초등학교 2학년 때 담임 선생님 댁을 자주 놀러가곤 했었는데 그때마다 집까지 나를 바래다주었다. 지금은 그때 무슨 얘기를 했는지 잘 기억이 나지 않지만 하얀 원피스를 입고 집에 갔었고 그와 나는 손을 꼭 붙잡고 갔던 기억이 난다.

우리는 어렸지만 서로에게 손 편지를 주고받으며 우정을 쌓아갔다. 그렇게 몇 년 편지를 주고받았지만 우리는 그냥 친구였다. 나를 예뻐해주셨던 아버지 같은 선생님의 아들이었으니까 친하게 지냈었다.

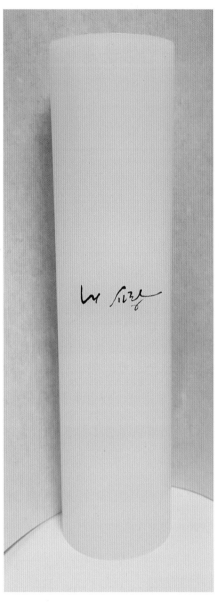

내사랑 | 20×5cm | 양초 글씨 | 2017

항상 선생님께서는 "아들, 경선이 집에다 잘 데려다 주고 와라." 하셨다. 그렇게 친하게 지내다가 소식이 끊겼다. 그는 군대를 가고 결혼하고, 나 역시도 애들 아빠를 만나서 결혼했다. 그렇게 우리 둘은 각자의 인생을 살았다.

스승의 날이었다. 은사님이 보고 싶어 삼겹살과 좋아하시는 소주 2병을 사들고 선생님 댁을 찾아갔다. 마음고생이 심했던 터라 은사님을 본 순간 아버지를 보는 것 같아 눈물이 왈칵 쏟아졌다. 눈물이 멈추지 않아서 문을 열고 마당으로 나가서 또 펑펑 울었다. 고개 숙이고 우는 나에게 사모님은 등을 어루만져주셨다. "많이 힘들었구나. 이제 그만 울어라." 하셨다. 마음을 진정하고 부모님 같은 은사님과 행복한 시간을 보내고 있는데 그 친구가 집에 들어왔다. 난 너무 반가웠다. 깜짝 놀라는 나를 보시더니 사모님께서 아들을 부르셨다고 하셨다. 그날 저녁 가족과 함께 식사하듯 시간을 보냈다. 난 내 집처럼 편안하게 은사님 댁에서 하룻밤을 보냈다.

그날 이후 우리 둘은 자주 만났다. 그 친구 역시 이혼의 아픔을 겪었다고 했다. 서로가 상처가 많아서인지 공감되는 부분이 많았고 서로를 믿고 의지하기까지 그리 오랜 시간이 걸리지 않았다. 우리는 만날 때마다 24시간이 너무나 짧았다. 울다가 웃다가 어린 시절 얘기를 하면서 가슴이 뭉클해질 때가 너무나 많았다. 진한 감동을 가슴에 안고 우리는 서로에게 믿음을 주기 시작했다. 이제 중년이 된 나이에 상처와 아픔을 보듬어주면서 지내고 있다.

피천득 씨는 인연을 이렇게 말한다.

어리석은 사람은 / 인연을 만나도 인연인 줄 알지 못하고 / 보통사람은 / 인연인 줄 알아도 그것을 살리지 못하며 / 현명한 사람은 옷자락만 스쳐도 인연을 살릴 줄 안다고 했다.

우리는 인연이었다. 우리는 어리석었고 보통사람이었다. 이제는 현명한 사람이 되어 노을을 함께 바라보는 인연이 되었다. 우리의 인연의 씨앗은 그렇게 힘든 인연을 놓아주고 각자의 험난한 세월 속에서 인연의 뿌리를 내려 싹을 틔우고 있었다. 잠시 스치듯 만났던 어릴 적 친구는 이제 내 인생 마지막 인연이 되었다.

그렇게 애를 써보아도 좋은 끝을 맺지 못하는 인연이 있다. 아무리 노력을 해도 계속 힘들다는 건 인연이 아닐 수도 있다는 생각이 든다. 힘든 인연을 붙잡고 있을 필요가 없다. 과감히 놓아주는 것도 좋을 듯싶다. 어쩌면 상대도 많이 힘들어 하고 있지 않을까? 인연은 흐르는 물과 같다.

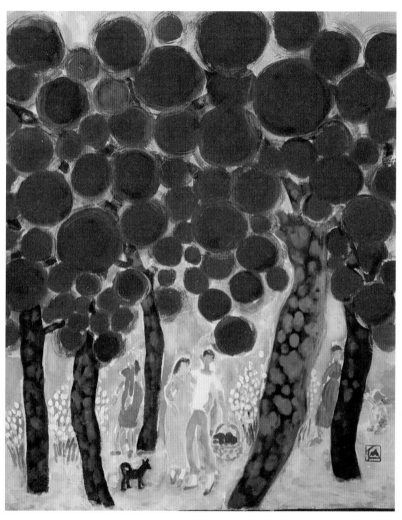

행복한 날 | 35×45cm | 장지 분채 | 2016

가다가 돌이 있으면 치우고 가고 부딪히면서 천천히, 때로는 거세게 흘러가야 한다. 멈춰 있는 물이라면 썩는 냄새가 진동한다. 그 인연은 인연이 아닌 것이다.

가수 이선희가 부른 〈인연〉이란 노래가 있다. "모든 걸 다 버리고 그대 곁에 서서 남은 길을 가리란 걸…. 인연이라고 하죠. 거부할 수가 없죠. 내 생애 이처럼 아름다운 날 또 다시 올 수 있을까요."

처음으로 손을 잡은 이성이 지금의 인연인가? 각자 자신의 인생의 인연들과 어떻게 지내고 있는가? 수많은 인생이 있을 것이다. 그 인생 속에서 만난 자신의 특별한 인연이 지금 내 곁에 있다면 이보다 아름다울 수는 없을 것이다.

엄마는 자신의 인생을 이야기하면서 책 열 권도 넘게 쓸 것 같다고 하신다. 그렇다. 자신의 인생은 소설이다. 그것도 아주 흥미로운 소설. 드라마틱하고 격정적인 인생을 편안하고 아름다운 노을을 바라보는 장면으로 마무리하고 싶다. 끝이 좋은 참 좋은 인연으로 오래오래 함께 하길 소망한다.

세 딸들과 함께 사진관에서 촬영 준비로 분주하다. 13년 동안 결혼하고 살면서 가족이 만들어지지 않았다는 이유로 흔한 가족사진이 없었다. 아들이 없다는 이유로 사진을 찍지 못하는 집은 우리 집밖에 없었을 것이다. 오늘 그 한을 푼다. 주제는 화이트&블랙이다. 하얀 드레스와 블랙 미니원피스 의상을 입고 촬영했다. 너무 감동이고 너무나 예쁜 딸들은 20대 초반이었다. 정말 예쁜 나이다. 천사가 따로 없었다. 이렇게 예쁜 딸들에게 상처를 준 것이 생각나서 가슴이 찡하고 눈물이 났다. 울어서 빨간 눈이 사진에 나올까 봐 마음정돈하고 웃으며 사진 촬영을 진행했다. 사진사는 좋은 표정과 포즈를 끌어내기 위해 우리에게 이야기를 많이 했다. 질문도 많다. 웃고 또 웃는다.

사진사의 카메라 셔터가 쉴 새 없이 터진다. '찰칵찰칵, 착착착착.' 사진사의 칭찬이 이어진다. "딸들이 너무 이쁩니다. 모델 같습니다.", "어머님이 포즈를 잘 잡으시네요, 너무 자연스럽고 우아하십니다." 뜻하지 않은 칭찬 세례가 쏟아진다. 딸 셋 모두 키 170센티미터 몸무게 48킬로그램인 딸들은 늘씬하고 여리여리했다. 자신감 넘치고 지혜로운 큰딸, 배려심과 재치가 많은 둘째 딸, 지적인 미소와 수줍음이 많은 막내딸, 그 속에서 무한사랑과 행복을 느끼는 중년여자 나! 네 명은 자신감 넘치는 끼를 발산하며 행복한 사진 촬영을 마무리했다.

가정마다 가족사진이 다 있을 것이다. 어떤 가정은 부모 결혼기념일 때마다 가족끼리 매년 사진 촬영한다고 한다. 처음엔 부부만 있다가 어떨 땐 첫아이 임신해서 배가 남산만 할 때도 찍고 자녀가 한 명 한 명 느는 순간들이 사진 속에 담긴다. 요즘은 사진관이 아닌 야외로 나가 가족사진을 촬영한다고 한다. 따뜻한 봄날 바람이 살랑살랑 부는 날 자녀들의 손을 잡고 키 순서대로 연출해서 촬영한다. 막내는 땅에 붙어 있는 것 같다. 인터넷에서 본 사진은 정말 너무나 사랑스럽고 행복한 사진이었다. 젊은 부부가 어린 세 딸들과 함께 웃는 모습이었다. 잠시나마 웃을 수 있어서 그 가족에게 감사한 마음이다.

또한 요즘은 반려견을 키우는 가정이 천만을 넘는다고 한다. 소중한 반려견과 함께 가족사진을 촬영한다. 특별한 사진을 갖고 싶은 가정들이 늘어나고 있다. 요즘 대세인 것 같다. 나 역시도 사랑하는 사람과 사진관이 아닌 야외에서 촬영하고 싶다. 가을색이 짙은 길에서 낙엽을 밟으며 손잡고 걸어가는 모습을 상상해본다. 꼭 시간을 만들어 우리 둘의 사진을 갖고 싶다.

나는 사진 촬영하기를 좋아한다. 특별한 마음을 담아서 찍는 사진. 언젠가는 사진전도 열고 싶다. 이제는 마음이 움직이면 바로 실천한다. 그동안 모아놓았던 사진들을 정리해서 사진첩을 만들었다. 카톡에 있던 사진도 종이 사진첩으로 만들어보고 있다. 휴대폰에서 볼 때와 사뭇 다른 분위기가 좋다. 소설을 읽다 보면 장면 장면이 떠오른다. 누가 얼마나 상상을 잘 하느냐에 따라 소설의 퀄리티는 남다를 것이다. 우리 인생이 소설이다. 소설 속에 장면들이 하나씩 쌓여간다. 사진은 추억이다. 추억을 만들며 사는 인생이 아름답다. 지금의 시간은 다시는 돌아오지 않는다.

나의 봄날은 지금이다. 가장 젊은 날 역시 지금이다. 마음만 있고 미뤄 두었던 것들을 용기를 내어 시작하자.

나에게 가슴 뜨거운 순간들이 추억이 되어 내 인생에 아름다운 수를 놓고 있다. 인생 역전 드라마 같은 아주 흥미로운 소설처럼 나는 책 쓰기에 도전했다. 나는 독자에서 책 쓰는 작가가 되어 새 인생을 만들어가고 있다. 인생을 불행하게도, 행복하게도 만드는 건 다른 사람이 아닌 자신인 것이다. 내 인생 소설 속에 반전을 많이 만들어본다. 삶의 이벤트를 만들며 살자. 흥미진진한 소설의 주인공은 바로 '나'이다.

위로받은 날 | 10×15cm | 종이 붓펜 | 2018

많이 힘들 때 나를 위로해 주던 한 사람, 내 친구이다.

8
좋은 사람들과 인생 최고의 파티를 즐겨라

대상을 바라보고 생각하는 눈이 남다른 나는 그림을 그리는 화가다. 화가의 작품은 화가의 인생을 말한다. 화가의 내면 세상을 접하고 상상의 세계를 표현하는 것이 화가 자신이다. 나의 작품 주제가 변하고 있다. 무겁고 어두운 색채에서 벗어나 좀 더 밝고 긍정적인 색과 형태들이 등장하고 있다. 이제는 점점 유머가 있고 자연을 닮아가는 소녀로 살아간다. 어린아이처럼 그림에 순수함을 담아내고 싶다. 욕심없이 담담하게 표현하고 싶다. 내 그림은 내 마음을 알고 있다.

많이 외롭고 힘들 때 도종환의 「담쟁이」와 「흔들리며 피는 꽃」을 자주

사람과 사람 | 10×15cm | 화선지 먹 | 2016

세 사람이 웃고 있다. 서로에게 좋은 영향력을 발휘하며 웃고 또 웃는다.
내 인생 좋은 사람들과 어울리며 오늘도 웃는다.

읽고 썼다. 그 과정에서 나는 마음에 위안을 받았다. 시(詩)를 감상하면서 내 마음을 흔들어놓을 때 나와 일체가 되는 순간을 경험한다. 내가 그 속에 있게 되는 느낌을 받는다. 절망의 벽이었지만 끝내는 그 벽을 넘는 담쟁이는 내가 되었고, 흔들리며 피는 꽃은 나였다. 고달프게 살아온 나는 비에도 젖고 바람도 맞은 꽃이었다. 이리저리 흔들리며 피는 꽃은 만신창이가 된 나로 보였다. 지금도 읽을 때면 마음이 뭉클해진다. 이제는 시인의 마음을 읽게 된다. 이 시를 쓸 때의 감정과 마음은 어땠을까? 하고 말이다.

화가들의 작품도 형태와 색감 등 보여지는 것이 마음에 들면 좋아했다. 이제는 화가들의 삶에 더욱 관심을 가지게 되었다. 피카소는 92세까지 살면서 화가 인생 80년을 볼 때 하루에 평균적으로 4점 이상을 그렸다고 한다. 전체 작품 수가 3만 점 가량의 많은 작품을 평생 동안 그린 그 마음은 무엇이었을까? 1세기에 나올까 말까 하는 천재 화가라고 하지만 우리는 피카소의 그간의 과정에 대해선 잘 모른다. 어떻게 작품을 제작해왔는지를. 어린아이들보다도 못 그렸다고 하는 그 그림들을 보면서 우스꽝스러워한다. 평생에 걸쳐 수많은 변화를 겪으면서 창작열을 불태웠다. 파블로 피카소는 진정한 나를 찾기 위해, 어린아이의 순수함을 찾기 위한 노력을 했던 게 아닐까 생각한다.

멕시코의 초현실주의 화가 프리다 칼로가 있다. 미술에 관심이 있는 사람들은 프리다를 모르는 사람이 없을 것이다. 남편 디에고 리베라에게 고통 받았던 삶과 병마와 싸우는 자신의 비참한 인생을 그렸다. 47세로 생을 마감하면서 그녀가 남긴 전체 143점 중 1/3이 되는 55점이 자신의 모습을 그린 자화상이었다. 화가들의 그림은 자신이다. 내면에 있는 자기 자신을 찾기 위한 길고도 험난한 여정을 보내는 것이다.

나의 작품도 나를 찾아가는 여행이 되고 있다. 단순히 대상을 보고 그대로 표현하는 것이 아니라 나의 내면세계에 초점이 맞춰지고 있다. 작품을 통해 만나는 작가들과 내 작품을 감상하는 미술 애호가들과의 만남을 기다리고 있다. 나의 작품을 통해서 감동과 위안을 받고 즐거움을 얻을 수 있다면 이보다 의미 있는 삶이 또 어디 있겠는가?

나를 여기까지 오게 만든 한 줄기 빛은 나에 대한 믿음이었다. 나는 나를 믿고 나에게 많은 용기와 희망을 준 사람들과 오랫동안 함께 할 것이다. 이혼의 슬픔과 암이라는 무서운 병마와 싸우고 있는 나에게 난 응원의 박수를 보낸다.

나는 상상력 있는 삶이 좋다. 창조력이 강한 삶이 좋다. 나이가 들어간다고 지루하고 재미없게 살고 싶지 않다. 건강이 급격히 나빠지면 금세 내 인생은 삶의 질이 떨어지고 지루해진다. 세상은 건강한 사람들의 차지인 것 같다. 손목이 아플 땐 좋아하는 사과 하나도 내 손으로 깎지 못했다. 목 디스크로 인해 온몸으로 통증이 퍼져서 운전도 못 하고 머리도 내 손으로 감지 못했다. 무릎 연골이 찢어졌을 땐 내 힘으로 일어나는 것도 힘들었고 평지 걷는 것도 너무나 어려운 일이었다. 우울증을 앓았을 땐 먹지도 않고 며칠씩 누워서 울기만 했다.

암 수술 받고 나니 오랫동안 함께 했던 사이 좋았던 나의 습관과 결별해야 하는 고통을 감내해야 했다. 나이가 들어가면 당연히 고장 나는 곳이 많아진다. 지극히 자연스러운 일이다. 조급함이 아닌 침착함으로 자신의 내면의 힘을 기르고 좋은 사람들과 행복한 시간을 함께 하는데 나의 건강을 미리미리 챙기자. 건강관리가 가장 큰 능력이라는 것을 잊지 않았으면 한다.

'윤 작가님. 오 작가님.' 언제부터인가 내 주변에는 작가들로 넘쳐나고 있다. 30대에 벤츠를 운전하는 사람도 알게 되었고, 40대 억대 부자도 자주 만난다. 불과 몇 개월 전만 해도 상상도 못한 일이 내게 일어났다. 새롭게 도전하는 사람들은 어렵지 않게 성공자들을 만난다. 내가 바뀌었다. 책 쓰는 작가로 변신한 것이다. 독자에서 저자로 다시 태어나 새로운 삶을 살고 있다.

내가 책을 쓰기 전까지의 모든 일들이 알바(아르바이트)였던 것이다. 내 인생 이야기를 쓰면서 그동안의 경험과 노하우가 내 책속에 담겼다. 내 인생의 소실점이 생겼다. 나는 책 쓰는 작가이다. 신기하고 감동적인 인생이 시작되었다. 나의 인생 목표는 책 쓰는 작가로 보다 많은 사람들과 소통하며 사회의 선하고 의미 있는 영향력을 발휘하며 사는 것이다.

마당이 있는 집에서 좋은 사람들과 디너파티가 한창이다. 따뜻한 봄날 데크가 깔려 있는 마당에서 테이블마다 좋은 음식과 좋은 사람들이 둘러 앉아 맛있게 식사를 한다. 그곳에는 음악이 있으며 내가 그린 그림이 전시되어 있고 내가 쓴 책들도 함께 있다.

내가 가장 하고 싶은 일 중에 하나를 상상하는 장면이다. 곧 나에게 현실로 오리라는 상상을 한다. 나는 나를 믿는다. 나의 꿈을 현실로 만들기 위해 끊임없이 어제와 다른 나를 만나며 노력하고 있다.

나는 인터넷이나 책에서 좋은 글을 보면 메모해두었다가 수십 번 캘리그라피로 쓴다. 내 마음에 드는 글씨들을 모아서 좋은 사람들에게 선물도 자주 했다. 이제는 역으로 예전에 선물했던 것을 간직하고 있던 분들이 카톡으로 사진을 보내온다. '쌤께서 선물해주신 그림 잘 간직하고 있어요.', '이 부채 기억나요? 쌤이 부채에 직접 써주신 글씨입니다.' 고맙다는 인사를 여기저기에서 받는다. 나는 그 사진들을 보면서 너무 반갑고 기분이 좋았다. 그 선물들은 함께 근무했을 때의 내 마음이었다. 오랫동안 간직해주신 쌤들에게 감사한 마음이다.

어느 날 문득 내 주변의 사람들에 대해 생각하게 되었다. 어떤 인연으로 만난 것인가를 더욱 깊게 생각하게 되었다. 나는 그들에게 좋은 사람인가? 그들은 나에게 좋은 사람이었나. 내 인생의 정상에서 만난 좋은 사람들과 좋은 음식 먹으면서 삶의 이야기를 진솔하게 나누며 살고 싶다. 아니 그렇게 살 것이다. 성공자로 살면서 나의 긍정의 에너지를 발휘하고 좋은 사람들과 나는 어깨를 나란히 할 것이다.

내 인생 최고의 날에 우리 집에 초대하고 싶은 사람이 너무 많다. 매주 파티를 열 것이다. 가족과 함께 좋은 시간을 보내고 나면 책 쓰기를 지도해주신 〈한책협〉 김태광, 권마담 대표님, 〈한책협〉의 코치님들, 그리고 나와 함께 했던 85기 작가님들을 초대해서 행복한 파티를 열 것이다. 상상만 해도 즐겁고 행복하다. 나를 믿고 준비하면 반드시 행복한 시간은 올 것이다. 김태광 스승님의 짧은 인사말도 듣고 함께 기념촬영도 하고 즐거운 시간을 보낼 것이다. 그 사진은 크게 인화해서 내 집에 걸어둘 것이다.

"별처럼 빛나는 젊음의 때에 꿈을 믿는다는 것은 얼마나 위대한 일인가. 그러나 그보다 더 위대한 일은 인생의 황혼 무렵에 이렇게 말할 수 있는 삶을 사는 것이라네."

– 작자 미상

오십 중반인 내게 이제 내 인생을 즐기는 시간이 왔다. 이만큼 오기까지 너무 힘들었다. 그러면서도 나는 내 꿈과 만나리라는 강한 믿음이 있었다. 자신의 주변 사람들을 한번 생각해보자. 내 주변의 사람들은 어떤 생각과 어떤 꿈을 갖고 살아가는지….

나는 30년 교직을 통해 새로운 나에 대한 갈증이 많았다. 즐거운 인생을 살기 위해 그림 그리고 책을 쓰는 작가의 삶을 살고 있다. 다양한 사고를 갖고 있는 책 쓰는 작가, 작품 하는 작가들을 만나면서 살 것이다. 이보다 행복하고 재미있는 일이 또 어디 있을까? 인생은 재미있어야 한다. 재미있는 인생을 오늘도 만들어본다.

여행길에 1 | 20×30cm | 종이 붓펜 | 2016

여행길에 2 | 20×30cm | 종이 붓펜 | 2016

위룰달·역

플름기차·타고
위룰달·역을·간다.
세상·이룰·수가
너무·아름더위
눈은·눈물·이었다.

여행길에 3 │ 20×30cm │ 종이 붓펜 │ 2016

여행길에 4 | 20×30cm | 종이 붓펜 | 2016

여행길에 5 | 20×30cm | 종이 붓펜 | 2016

여행길에 6 | 20×30cm | 종이 붓펜 | 2016

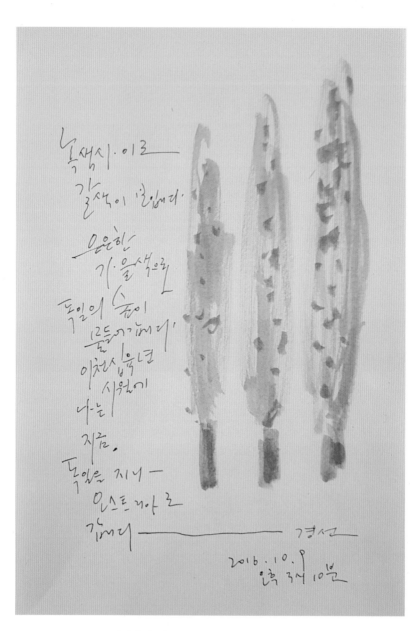

여행길에 7 | 20×30cm | 종이 붓펜 | 2016

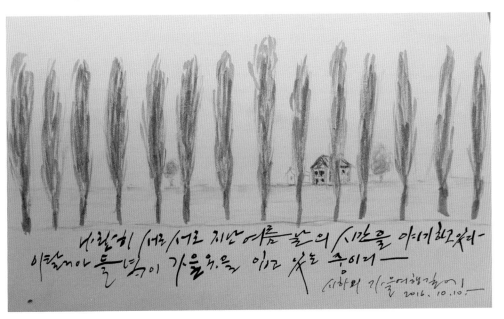

여행길에 8 | 20×30cm | 종이 붓펜 | 2016

여행길에 9 | 20×30cm | 종이 붓펜 | 2016

여행길에 10 | 20×30cm | 종이 붓펜 | 2016

여행길에 11 | 20×30cm | 종이 붓펜 | 2016

여행길에 12 | 20×30cm | 종이 붓펜 | 2016

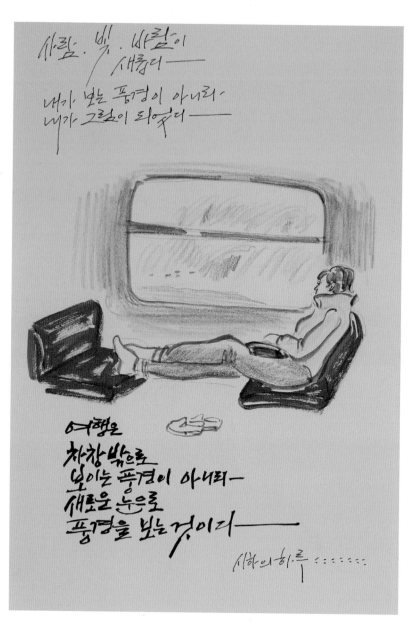

여행길에 13 | 20×30cm | 종이 붓펜 | 2016

여행길에 14 | 20×30cm | 종이 붓펜 | 2016

여행길에 15 | 20×30cm | 종이 붓펜 | 2016

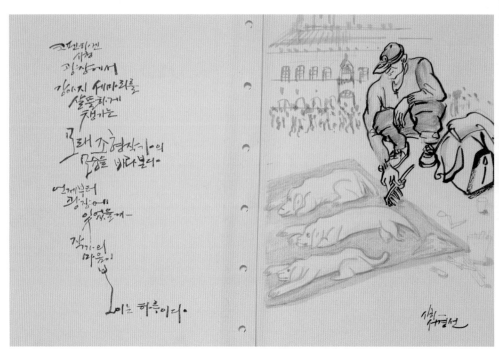

여행길에 16 | 20×30cm | 종이 붓펜 | 2016

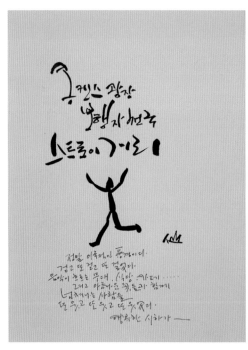

여행길에 17 | 20×30cm | 종이 붓펜 | 2016

여행길에 18 | 20×30cm | 종이 붓펜 | 2016

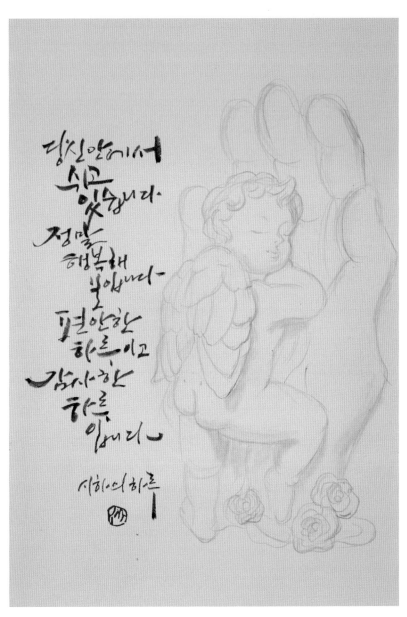

당신안에서
쉬고
있습니다
정말
행복해
보입니다
편안한
하루이고
감사한
하루
입니다

서해의하루

여행길에 19 | 20×30cm | 종이 연필 붓펜 | 2016

나 이외에 어떤 사람이
내 인생을 살 수 있을까?

찬바람이 아직도 남아 있는 이른 봄날 겨우내 땅에 뿌리를 박고 푸르름을 간직한 '삼동파'가 있다. 쭈욱 뽑아보면 하얀 실뿌리가 숱 많은 여인들의 머리카락처럼 넘실거린다. 그 하얀 실뿌리를 쓰다듬고 바라보는 것만으로도 행복하다.

난 자연에서 자라는 것 모두를 사랑한다. 그래서일까? 시작하는 봄이 좋다. 좋아도 너무 좋다. 추운 겨울을 이겨내고 차디찬 땅을 뚫고 나오는 자연의 신비는 이루 말할 수 없는 기쁨이고 축복이다. 자신의 얼굴을 수줍은 듯 보여주기 시작하는 봄! 봄에서 시작하는 자연을 난 자주 그린다. 자연에서 선물 받은 수많은 이미지와 사람들의 감정들을 그림에 담고 책에 담고 글씨에 담았다.

나의 가치를 하찮은 존재로만 알았던 지난 과거의 시간 속에서 나는 내 안에 거인을 키우고 있었다는 사실을 책을 쓰면서 깨달았다. 이제 나는 가장 나다운 나를 발견했고 점점 나아지고 발전하는 나를 아끼고 사랑하며 산다. 나에게 다가온 불행의 씨앗들이 삭고 삭아서 나의 행복한 인생의 거름이 되었다.

결혼으로 맺어진 사람들은 내 삶을 송두리째 앗아간 사람들이라고 미워했지만 그 인연 또한 용서함으로써 진정한 자유를 얻었고 또한 미안하고 감사할 뿐이다. 또한 아플 수밖에 없었던 나의 생활 습관 속에서 자라난 암은 나에게 새로운 인생의 씨앗을 선물해준 고마운 존재가 되어 내 인생의 터닝포인트가 되었다.

나 이외에 어떤 사람이 내 인생을 살 수 있을까? 이 세상에 단 하나밖에 없는 소중한 존재인 나를 사랑하자. 내가 바라고 원하는 것을 생생하게 꿈꾸고 원해보자. 꿈을 눈으로 볼 수 있게 시각화시키자. 지금 당장 내가 바라는 삶, 내가 하고 싶은 것들을 종이에 기록해보자. 꿈은 이루어진다.

문화심리학자 김정운 교수가 있다. 이분의 프로필을 보면 입이 딱 벌어진다. 엄청나게 공부를 많이 하신 분이다. 뼛속까지 공부밖에 모르신 분들은 왠지 근엄하고 품위가 있지 않을까? 그런데 김정운 교수는 김토벤같다. 베토벤처럼 천재 같은 아기? 난 김정운 교수의 유머와 호기심을 좋아한다. 김정운 교수도 그림 그리고 책 쓰기가 꿈이라고 한다. 그림을 전공하지도 않으신 분이 그림 그리기가 꿈이라고 한다. 이분의 그림은 마치 어린아이 같다. 그 대단하신 분의 꿈도 내 꿈과 같다(웃음).

〈한국책쓰기1인창업코칭협회〉 김도사님은 내가 이 책을 쓰기까지 엄청난 에너지와 도움을 주셨던 스승님이시다. 인생의 목표도 없이 방황하던 시기에 알게 된 내 인생 최고의 멘토! 김도사님을 알게 되어 작가로서의 새로운 인생을 행복하게 그리며 살고 있다. '김도사'라는 이 이름이 참 좋다. 제자들이 글쓰기 코칭을 도사처럼 잘 해주신다고 지어준 별명을 이제는 이름처럼 쓰신다. 나는 삶의 목표가 확고해졌고 행복한 삶을 살며 많은 사람들에게 선한 영향력을 주는 삶이 시작되었다. 이 행복한 숲에 풍덩 빠질 수 있도록 열정을 다해 지도해주신 김도사님께 깊은 존경과 감사를 드린다.

내 인생 한 번뿐이다. 한 번뿐인 인생에 목표를 찾아냈다. 좋은 사람들과 늙어갈 것이다. 책 쓰는 작가, 그림 그리는 화가로서 살 것이다. 나는 자연 속의 수많은 감정들을 담고 싶다. 힘들어하는 많은 사람들에게 희망과 용기를 주면서 살 것이다. 나의 카페에서, 나의 공방에서 그들에게 많은 선물을 하며 살 것이다. 나는 평생 철들지 않은 소녀로 살며, 죽을 때까지 행복하게 살고 싶다.

행복이 충만한 이른 아침에
글을 마치며

작업실 풍경 | 2020